쉬운
로마서 I

쉬운 로마서 I

채경락 지음

생명의 양식
THE BREAD OF LIFE

목 차

쉬운 로마서의 세계로 초대하며

저는 쉬운 설교를 추구합니다. 성도들이 이해하기 쉽고 기억하기도 쉬운 설교! 설교자로서 저의 오랜 소신입니다. 안타깝게도 '쉬운'이라는 말이 오해를 받기도 합니다. '얕은' 설교로 오해하거나 본문을 '피상적으로' 다루는 설교로 우려하는 분들이 있는데, 결코 그렇지 않습니다. 부족하지만 저 역시 하나님을 두려워하는 설교자이고, 말씀 앞에 신실하고 겸손하기를 애쓰는 설교자입니다. 그 어떤 이유로도 말씀의 진리와 깊이를 타협하지 않기를 늘 다짐합니다. 그리고 말씀이 선포하는 진리를 있는 그대로 가감 없이 성도들에게 전달하기를 뜨겁게 열망합니다. 사실은 그래서 쉬운 설교를 추구합니다. 쉬운 설교는 이 열망을 실천하기 위한 저의 방법론입니다.

아무리 귀한 설교라도 성도들에게 이해되지 않으면 길가에 버려진 씨앗이 됩니다. 아무리 성경적인 메시지라도 성도들의 가슴에 새겨지지 않으면, 채 뿌리도 내리지 못하고 말라버린 돌밭의 씨앗과 다를 바 없습니다. 설교는 들려야 하고, 설교는 이해되어야 하고, 설교는 성도들의 가슴에 새겨져야 합니다. 그래서 저는 쉬운 설교를 추구합니다. 쉬운 설교는 설교자의 소임을 다하기 위한 부족한 저의 몸부림입니다.

쉬운 설교를 실천하는 것이 쉽지는 않습니다. 오히려 어려운 설교보다 더 고된 작업을 거쳐야 쉬운 설교가 모습을 드러냅니다. 본문에 대한 깊은 이해가 없으면 쉬운 메시지가 나오기 어렵습니다. 피상적인 이해는 복잡할 수밖에 없습니다. 설교자가 본문을 충분히 깊이 이해하고, 성경 저자의 마음을 충분히 헤아릴 때 비로소 쉬운 메시지가 가능합니다. 그런 의미에서 제가 선택한 쉬운 설교의 길은 성도들에게는 쉬울지 몰라도, 설교자 자신에게는 매우 고된 길입니다. 그럼에도 이 길을 가는 것은, 이것이 설교자에게 주어진 사명이라고 믿기 때문입니다.

쉬운 설교는 주님이 걸어가신 길이라고 믿습니다. 예수님의 설교는 누구보다도 쉬웠습니다. 어린아이도 이해할 수 있을 만큼 쉽고 선명했습니다. 그분이 메시지를 타협하거나 피상적으로 다루었기 때문이 아닙니다. 그분이 누구보다 복음의 진리를 깊이 이해한 분이요, 누구보다 성실하고 탁월한 설교자였기 때문입니다. 부족하지만 설교자로서 저는 그분의 길을 따르고 싶습니다. 본문과 씨름하여 본문이 선포하는 메시지를 선명하게 정리하고, 성도들이 알아들을 수 있는 쉬운 언어와 간명한 구조로 선포하려 합니다. 예화도 마찬가지, 멀리 선교사들의 이야기보다 일상 속에서 찾으려 합니다. 예수님이 바로 눈앞에 보이는 새와 꽃, 농부 이야기를 활용하시고, 세속의 향취는 있어도 사람들에게 너무도 익숙한 돈 예화를 많이 사용하셨듯이 말입니다.

로마서를 설교하면서도 저의 원칙은 변함이 없습니다. 알다시피 로마서는 깊은 성경입니다. 모든 성경 말씀이 심오하지만, 로마서는 더욱 그러합니다. 어떤 설교자는 십 년이 넘는 세월을 오직 로마서만 설교했다고 합니다. 그만큼 로마서는 복음의 깊은 진수를 농도 짙은 언어로 풀어내고 있습니다. 쉬운 성경이 아니라는 말입니다. 그런 의미에서 다른 성경도 그렇지만 로마서를 본문으로 쉬운 설교를 추구하는 것은 더욱 어려운 일입니다.

솔직히 버린 종이가 많았습니다. 설교란 것이 단번에 나오지 않고 고치고 또 고치는 과정을 거쳐야 하는데, 촌스러워서 그런지 저는 컴퓨터 화면보다 종이가 편합니다. 스크린으로는 잘 안 보이는 것이 종이로 프린트를 하면 눈에 들어오는 경우가 많습니다. 그러다보니 설교가 잘 풀리지 않을 때는 종이가 많이 드는데, 로마서 설교는 유난히 종이를 많이 사용했습니다. 환경을 생각하면 송구한 마음이지만, 후회하지 않습니다. 설교가 쉬워질 수 있다면, 그래서 성도들의 마음에 복음 메시지가 선명하고 깊게 새겨질 수 있다면, 허비된 종이들도 자기 사명을 다했다고 뿌듯해 하리라 생각합니다.

제가 묵상한 바로는 로마서가 크게 네 부분으로 구성되어 있습니다. 1-4장은 복음이 무엇인지를 선포하고, 5-8장은 복음을 받는 그릇, 9-11장은 복음에서 만나는 하나님을 소개하고, 12-16장은 복음의 열매로 나타나는 삶을 다룹니다. 이 구분을 따라 설교를 진행하는데, 본서는 첫 덩어리 1-4장을 본문으로 샘물교회 앞에 선포한 열세 편의 설교를 엮은 것입니다. 부족한 사람을 아껴주시고, 선포되는 설교에 따뜻한 마음으로 귀 기울여주신 샘물 성도들에게 지면을 빌어 감사의 마음을 전합니다. 복음을 이해하고 복음을 누리기를 원하는 모든 분들에게 작은 도움이 되기를 기도합니다.

샘물에서 채경락 목사

내가 복음을 부끄러워하지 아니하노니
이 복음은 모든 믿는 자에게 구원을 주시는
하나님의 능력이 됨이라
먼저는 유대인에게요 그리고 헬라인에게로다
(롬 1:16)

복음 I

이신칭의

(롬 4:18-22)

서론 · 믿음이란 무엇인가?

오늘의 말씀은 이신칭의(以信稱義)입니다. 한문이라 생소한 분도 있을 겁니다. 저희 세대만 해도 한문은 좀 어려워요. 첫 글자 이는 '써 이(以)'입니다. 무엇을 함으로써 할 때 '써'입니다. 영어로는 with에 해당합니다. 여기에 믿을 신(信)을 더해서 '이신' 하면 '믿음으로써' 혹은 '믿음을 가지고'라는 의미가 됩니다. 그리고 칭할 칭(稱)에 의로울 의(義)를 합하면, 믿음으로써 의롭다 칭함을 받는다, 혹은 믿음으로 구원을 얻는다는 뜻입니다.

우리 신앙의 가장 기본이 되는 교리 가운데 하나로 종교개혁의 중심에 서 있던 교리입니다. 500년 전 교회가 많이 어둔 시절이 있었어요. 중세 가톨릭 교회가 영적으로 도덕적으로 많이 타락했을 때, 독일사람 마르틴 루터를 통해 주께서 교회를 개혁하셨고, 프로테스탄트 개신교회가 시작되었습니다. 그때 중심 가르침이 바로 이신칭의였습니다. 우리 그리스도인들에게는 정체성과 같은 교리입니다.

특히 우리가 마음에 새겨야 할 것은 믿음입니다. 이신칭의를 이해하는 열쇠가 바로 믿음입니다. 믿음이란 무엇인가? 우리를 구원에 이르게 하는 믿음, 우리를 의로움에 이르게 하는 믿음은 무엇을 의미하는가? 묵상하실 때, 우리 신앙의 기본 골격이 튼실하게 세워지는 시간이 되기를 바랍니다.

1. 나의 부족함을 아는 것

우선 첫째, 믿음은 나의 부족함을 아는 것입니다. 성경이 가르치는 믿음을 여러 언어로 풀이할 수 있겠지만, 첫걸음은 나의 부족함을 아는 것입니다. 성도 여러분, 혹시 '내가 참 부족한 사람이구나.' 하는 생각을 품은 적 있으세요? 심지어 나에게 실망하신 적 있으십니까? '나란 인간은 참 못난 인간이구나.' 하고 실망한 적 있으세요? 혹시 그러셨다면, 잘 하셨습니다. 그게 믿음이고, 믿음의 시작입니다. 역설적이지만, 믿음은 불신에서 시작됩니다. 나에 대한 불신, 혹은 나에 대한 실망에서 믿음이 시작됩니다.

루터가 그랬어요. 종교개혁자 루터는 누구보다 자기한테 실망한 사람입니다. 천주교회에 고해성사라고 있어요. 사제 앞에서 자기 죄를 털어놓는 예식인데, 루터는 고해성사를 너무 자주 했습니다. 아침저녁으로 사제를 찾아가서 "제가 이런 죄를 저질렀습니다. 제가 이렇게 못난 사람입니다." 너무 자주 하니까 나중에는 담당 사제가 그만 오라고 말릴 정도였습니다. 그런데도 루터는 가고 또 가고, 계속 가는 거예요. 왜 그랬을까요? 나의 부족함이 보이니까, 나한테 실망할 일이 너무 많으니까.

그러고 보면 루터의 삶도 참 힘들었을 거예요. 나의 허물이 자꾸 눈에 들어오면 힘들잖아요. 기분도 가라앉고, 속도 상해요. 그런데 바로 거기서 루터의 믿음이 시작되었고, 거기서 위대한 종교개혁이 시작되었습니다. 자기한테 실망한 사람은 복이 있나니, 믿음의 관문에 이를 것이요! 믿음의 시작은 나의 부족함을 아는 것입니다.

믿음의 조상 아브라함도 그랬어요. 본문 18절에 "아브라함이 바랄 수 없는 중에 바라고 믿었으니." 아브라함이 어떤 중에 믿었다고요? 바랄 수 없는 중에. 다른 말로, 도무지 소망이 없을 때, 그때도 믿었다는 거예요. 그런데 이 대목은 새겨서 읽을 필요가 있어요. 흔히 아브라함의 믿음이 대단했다는 뉘앙스로 읽는 경우가 많아요. 도무지 소망이 없음에도 불구하고 아브라함의 믿음이 약해지지 않았다는 거죠. 그래서 믿음의 조상이라고 부릅니다.

물론 그런 의미가 있어요. 아브라함의 믿음이 대단했습니다. 그런데 눈여겨보아야 할 부분이 있는데, 아브라함의 상황이 정말로 그랬다는 거예요. 아브라함이 정말로 소망이 없었던 거예요. 자기를 보니 도무지 소망이 없었다는 거예요. 19절에 나옵니다. "그가 백 세나 되어 자기 몸이 죽은 것 같고." 아들의 약속을 받았는데, 몸 상태가 영 아닌 거예요. 너무 늙고, 너무 노쇠해서, 이미 죽은 것 같아요. 자기도 그렇고, 아내도 그렇고, 도무지 소망이 없어요. 상황 자체가 너무 절망스러워요.

이때 아브라함이 어떻게 하느냐? 주님을 믿습니다. 그럼에도 주님을 믿고, 보다 정확히는, 그래서 주님을 믿습니다. '그럼에도 불구하고' 믿은 것도 있지만, 그보다 '그래서' 믿어요. 내 힘으로 할 수 있으면, 주님을 믿을 필요가 없죠. 내 능력으로 할 수 있으면, 다른 데 기댈 필요가 없잖아요. 그런데 자기 상황이 그렇지가 않은 거예요. 자기 안에는 아무런 소망이 없고, 도무지 희망이 보이지 않아요. 그래서 주님을 의지합니다. 그래서 오직 주님만을 의지합니다. 그 길밖에 없는 거예요. 성도 여러분, 이게 믿음입니다.

그런 의미에서 성도 여러분, 스스로에게 실망할 줄 아는 복된 인생 되시기를 주님의 이름으로 축원 드립니다. 나에게 실망할 수 있다는 것은, 역설적이지만, 참 복된 순간입니다. 거기서 믿음이 싹트고, 거기서 구원이 시작됩니다. 자기 잘난 사람은 주님을 만나기가 어려워요. 내가 잘났는데 다른 사람이 눈에 들어오질 않죠. 그래서 바리새인이 주님을 못 만났고, 그래서 부자가 주님을 못 만났어요. 지금도 그래요. 잘난 사람은 주님을 만나기가 어려워요.

어떤 사람이 주님을 만나느냐? "오호라, 나는 곤고한 사람이로다!" 이거 누구의 고백일까요? 사도 바울입니다. 몹쓸 흉악범의 고백이 아닙니다. 위대한 사도 바울이 고백하기를 "오호라, 나는 곤고한 사람이로다." '곤고한'이라는 단어가 엄청 무거운 말입니다. 많이 어두워요. '비참하다'라는 의미입니다. 오호라, 나는 비참한 인생이로다. 난파선과 같은 인생이로다. 그만큼 자기에게 실망했다는 거예요. 그 위대한 사도가 이런 말을 해요. 사실은 위대한 사도이기에 이 말이 나오는 거예요. 진짜 믿음의 사람이기에 이 고백이 나오는 거죠. 자기한테 실망한 사람은 복이 있나니, 참된 믿음에 이를 것임이요.

주님이 말씀하시기를, "내가 의인을 부르러 온 것이 아니라" 누구를 부르러 오셨다고요? 죄인을 부르러 왔노라. 오해하시면 안 돼요. 세상에 사람이 두 종류가 있는데, 의인이 있고 죄인이 있다는 의미가 아닙니다. 다 죄인입니다. "의인은 없나니 하나도 없으며."(롬 3:10) 누구나 죄인입니다. 다만 구분이 있다면, 아는 죄인이 있고, 모르는 죄인이 있어요. 자기가 의인인 줄 착각하는 무지한 죄인이 있는가 하면, 내가 죄인임을 아는 그나마 똑똑한 죄인이 있는 거예요. 그 사람들 입에서 나오는 고백이 "오호라, 나는 곤고한 죄인이로다." 구원의 은혜가 누구에게 임하느냐? 아는 죄인입니다. 자신의 부족함을 아는 사람, 때로 자기한테 실망하는 사람에게 구원이 임합니다. 나의 부족함을 아는 믿음의 사람 되시기를 주님의 이름으로 축원 드립니다.

2. 주님의 충분함을 아는 것

이제 두 번째, 믿음이 뭐냐? 두 번째는 주님의 충분함을 아는 것입니다. 나는 부족하지만, 주님은 능히 나를 구원할 수 있습니다. 주님 한 분만으로 충분합니다! 이게 믿음입니다. 믿음은 나를 믿는 게 아니에요. 간혹 오해하는 분들이 있어요. Yes, I can! 나는 할 수 있어! 이걸 믿음이라고 오해하는 경우가 있는데, 성경이 가르치는 믿음과는 거리가 있어요. 성경이 가르치는 믿음은, 내가 아니라 주님을 바라보며, Yes, You can! 주님은 하실 수 있습니다. 이게 믿음입니다.

아브라함의 믿음이 바로 그거였어요. 21절에 "약속하신 그것을 또한 능히 이루실 줄을 확신하였으니." 여기서 생략된 단어가 있는데, 주어입니다. "이루실"이라는 단어의 주어가 생략되었는데, 누구일까요? 주님입니다. 주님이 이루실 줄을 확신했다는 말입니다. 아브라함 자신이 이루는 게 아니라, 주님이 이루실 것을 믿었다는 말입니다. 비록 내 몸은 노쇠하여 이미 죽은 것 같지만, 그럼에도 불구하고 주님은 하실 수 있습니다. 이게 아브라함의 믿음이었고, 그 믿음이 아브라함을 구원으로 인도합니다. 22절에 "그러므로 그것이 그에게 의로 여겨졌느니라." 나는 곤고하지만, 주님은 능히 하실 수 있습니다. 아브라함의 믿음이 저와 여러분의 믿음이 되기를 주님의 이름으로 축원합니다. 아멘.

더러 주님을 향한 확신을 품지 못하는 경우가 있습니다. 주님의 충분함을 믿지 못하는 경우가 있는데, '겨우' 때문입니다. 겨우 예수님 한 분이 온 인류를 구원하실 수 있을까? 이런 의구심을 품는 분이 있어요. 이 세상에 죄인들이 얼마나 많은데, 겨우 예수님 한 분이 이 세상 모든 사람을 구원할 수 있을까? 특히 신앙 인격이 귀한 분들 가운데 더러 그런 분들이 있어요. 예수님이 귀한 분인 걸 알지만, 나는 죄가 너무 많아요. 그리고 세상에 죄인들이 너무 많아요. 주님이 귀한 분인 걸 알지만, 겨우 한 분 주님이 혈혈단신 홀로 이 모든 죄악을 어떻게 감당하실 수 있겠어? 그런 의구심이 생기는 거죠.

믿음이란 무엇이냐? 믿음은 이 의구심을 이기고 주님의 충분함을 믿는 겁니다. 비록 세상에는 죄인들이 많고, 내가 저질러 놓은 죄만 해도 너무나 많은 걸 알지만, 그럼에도 예수님 한 분으로 충분합니다! 이게 믿음입니다. 진실을 선포하건대, 예수님은 그냥 한 분이 아닙니다. '겨우' 자를 붙여서, 겨우 한 분이라고 부를 만한 그런 분이 아니에요. 예수님은 하나님이십니다. 존귀하고 거룩하신 하나님이십니다. 지극히 존귀하고 영원토록 거룩하신 온 우주만물의 창조주 하나님이십니다. 무게감이 우리의 상상으로는 담아낼 수 없는 분입니다. 그런 분이 우리를 위해 죽어주셨습니다. 겨우 한 분이 아니에요.

그리고 주님의 십자가가 굉장히 묵직해요. 개혁자들은 예수님이 지옥의 고통을 당하셨다고 고백합니다. 고대 사도신경 자료들 중에는 "음부에 내려가시고"라는 표현이 삽입된 경우들이 많습니다. "본디오 빌라도에게 고난을 받으사 십자가에 못박혀 죽으시고 장사한 지" 바로 다음에 "음부에 내려가시고"가 포함되어 있습니다. 주님이 우리를 위하여 지옥의 고통을 당하셨다는 의미입니다. 우리를 위해 주님은 지옥의 고통을 감당해 주셨습니다. 그만큼 무거운 대가를 치르셨다는 의미입니다.

그래서 주님 한 분만으로 충분합니다. 비록 우리의 죄가 크고, 이 땅에 죄인도 무수히 많지만, 믿음으로 고백하건대, 주님 한 분만으로 충분합니다. 온 우주에서 가장 존귀하고 지극히 거룩하신 예수님이, 온 우주에서 가장 잔인한 고통과 심지어 지옥의 고통까지 우리를 위해 당해주셨습니다. 비록 내 죄가 검고 추하고 더럽지만, 내 죄가 참 치사하고 누추하지만, 그럼에도 확신하기를, 예수님 한 분으로 충분합니다. 믿으십니까? 아멘. 그게 믿음입니다.

저는 한때 '구원의 확신'이라는 교리를 싫어했어요. 학창 시절, 누가 "형제님, 구원의 확신이 있으세요?"라고 물으면 너무 싫었어요. 저런 걸 왜 묻지? 그리고 그걸 듣고 "예, 저는 구원을 확신합니다." 라고 대답하는 사람은 더 싫었어요. 너무 교만해 보였어요. "자기가 뭔데 구원을 확신해? 자기가 뭐 잘한 게 있다고? 구원은 두렵고 떨림으로 이루는 거지, 교만하게 확신을 품는 게 아니야." 이런 생각을 갖고 있었습니다.

그랬는데, 지금 생각하면 오히려 제가 교만했어요. 확신을 품은 사람이 교만한 게 아니고, 확신을 품지 못하는 제가 오히려 교만했어요. 왜냐하면 구원이 나한테서 나오는 게 아니기 때문입니다. 구원이 내 안에서 나오는 게 아니에요. 오직 주님의 십자가, 나를 위한 주님의 희생으로 임하는 선물이 구원입니다. 구원의 확신을 품지 못하는 것은 나를 의심하는 게 아니라, 어쩌면 주님을 의심하는 겁니다. 구원의 확신을 품지 못하는 것은, 내가 아니라 주님의 십자가를 의심하고, 나의 공로가 아니라 주님의 십자가 희생의 거대함을 의심하는 겁니다. 나는 여전히 죄인이어도 주님의 십자가가 나를 구원하실 수 있는데, 교만하게시리 그걸 못 믿는 겁니다.

그래서 지금은 누군가 저에게 "형제님, 구원의 확신이 있습니까?" 하고 물으면 담대하게 대답합니다. "예, 확신합니다. 나는 부족하지만 주님의 십자가가 나를 구원할 것을 믿습니다. 십자가의 주님이 나를 구원하실 것을 확신합니다." 우리 안에 이 겸손한 확신이 있기를 바랍니다. 나는 부족하지만, 주님은 충분합니다. 나한테는 실망하지만, 주님으로 인해 구원의 평안을 누리는 자는 복이 있나니, 구원의 믿음이 그 사람의 것이라. 아멘.

3. 눈길의 전환 - 나에게서 주님에게로

마지막으로 믿음이 뭐냐? 나의 부족함을 아는 것이 믿음이고, 그렇지만 주님의 충분함을 아는 것이 믿음이라 했습니다. 마지막으로, 믿음은 눈길의 전환입니다. 믿음이란 내 삶의 초점의 변화입니다. 내가 바라보는 눈길, 여기에 변화가 일어나야 해요. 나에게서 주님에게로.

이신칭의를 '행위에서 믿음으로의 전환'이라고 생각하는 분들이 더러 있어요. 구원 받기 위해서는 믿음을 준비해야 하는데, 중세 교회가 엉뚱하게 행위를 준비했다는 거예요. 그걸 종교개혁이 바로 잡아주었다고 생각하는 분들이 있는데, 물론 틀린 말은 아닙니다. 맞는 말입니다. 그런데 아쉬워요. 특히 행위와 믿음 앞에 '나의'라는 수식어를 붙인다면 아쉬워요. 그래서 이신칭의를 나의 행위에서 나의 믿음으로의 전환으로 읽는다면 정말 아쉬워요.

믿음은 주님을 바라보는 겁니다. 내가 아니라 주님을 바라보는 것이 진정한 믿음입니다. 내 안에 있는 무언가가 아니라, 오직 주님을 의지하고 주님을 바라보는 것, 그게 믿음입니다. 그게 행위든 믿음이든, 눈을 나에게 고정시키려 한다면, 진정한 믿음이라고 보긴 어렵습니다. 앞서 말씀 드렸듯이, 믿음은 나에게 실망하는 겁니다. 오직 주님을 바라보는 것이 믿음입니다. 나를 내려놓고, 오직 주님을 바라보는 것, 이게 믿음입니다.

제 친구의 말을 빌면, 믿음은 예수! 예수! 예수! 입니다. 대학 친구 중에 늦게 주님을 만난 친구가 있어요. 대학에 와서 신앙을 가졌습니다. 그런데 신앙이 얼마나 귀한지 몰라요. 성경에 "먼저 된 자 나중 되고, 나중 된 자 먼저 되리라"고 했는데, 그 친구를 보면서 실감이 나더라고요.

이 친구는 아침에 일어나면 옥상에 올라가서 주먹을 쥐고, 예수! 예수! 예수! 그렇게 하루를 시작했습니다. 그 모양이 참 특이했어요. 무슨 기합 넣는 것도 아니고, 주먹을 쥐고 예수! 예수! 예수! 왜 그러느냐 물어보니, 이 말씀 때문이래요. "누구든지 주의 이름을 부르는 자는 구원을 받으리라." 그래서 주의 이름을 부른다는 거예요. 이 친구가 너무 순진한가요? 여하튼 굉장히 인상적이었어요. 그래서 저도 한번 따라해 봤어요. 기도하면서 예수! 예수! 예수!

느낌이 묘해요. 예수! 예수! 하는데 묘한 느낌이 있어요. 은혜가 있어요. 나를 내려놓고 주님을 바라보는 느낌. 기도가 이런 거구나, 하는 느낌. 스스로를 돌아보게 되었어요. 주님을 믿는다고 하면서, 그간 나는 나에게 너무 관심이 많았구나. 기도마저, 주님께 기도를 하면서도 늘 나한테 집중했었구나. 그런데 예수! 예수! 예수! 이러니까, 잠시나마 나에게서 눈을 떼어 주님을 바라보는 느낌이 들었어요.

성도 여러분, 내가 아니라 주님을 바라보는 믿음의 사람이 되기를 축원합니다. 우리는 우리한테 너무 관심이 많아요. 나한테 너무 관심이 많아요. 교만할 때도 그렇고, 또 어떤 면에서는 겸손할 때도 그래요. 교만할 때는 내 자랑하느라 정신이 없고, 겸손할 때는 겸손한 대로 나한테 푹 빠져있어요. 물론 겸손은 귀한 일입니다. 자기 자랑을 늘어놓던 사람이 겸손하게 변한다면 얼마나 귀한 일이겠어요. 그런데 그 겸손이라는 것이 결국 나 중심의 겸손이라면 너무 아쉬워요. 교만에서 겸손으로의 전환보다 우리에게 더 소중한 전환이 있으니, 나에게서 주님으로의 전환입니다. 나의 눈길이 나에게서 주님에게로 옮겨가는 겁니다. 찬양의 가사처럼 모든 시선을 주님께 드리는 것, 그게 믿음입니다.

아브라함이 그렇게 살았고, 루터가 그랬고, 많은 믿음의 선조들이 그렇게 살았습니다. 나보다 주님을 바라보는 삶이었고, 나를 내려놓고 주님을 바라보는 삶이었습니다. 이야기를 해도 내 이야기보다 주님 이야기를 하고, 눈을 들어 바라볼 때도 나보다 주님을 바라보는 삶이었습니다. 그것이 믿음의 삶입니다. 나에게 실망하는 것이 믿음의 입문이라고 했는데, 예수를 바라보며 예수로 인해 행복한 것이 믿음의 성숙입니다.

결론 · 오직 믿음의 사람이 되기를

말씀을 맺습니다. 오늘 주께서 우리에게 주신 말씀, 믿음이란 무엇인가? 나의 부족함을 아는 것이 믿음입니다. 심지어 나에게 실망하는 것이 믿음입니다. 나아가 주님의 충분함을 아는 것이 믿음입니다. 나는 비록 부족한 죄인이지만, 주님은 충분하십니다. 이게 믿음입니다. 무엇보다 믿음은 눈길의 전환입니다. 이제 내가 아니라, 주님을 바라보며 살겠습니다. 이 결단이야말로 진정한 믿음입니다. 이 모든 말씀을 담아, 참된 믿음의 삶을 살아가시는 종교 개혁의 후예들이 되시기를 주님의 이름으로 축원합니다. 아멘.

복음 II

다시 복음 앞에 : 복음은 예수다!

(롬 1:1-7)

서론 · 복음이란 무엇인가?

오늘의 말씀은 복음입니다. 로마서는 복음의 책입니다. 믿음의 선배들의 가슴에 새겨졌던 복음, 그리고 이제 우리 모두의 가슴에 새겨져 있어야 할 복음. 로마서에 그 복음이 들어 있습니다. 묵상하실 때, 다시 복음으로 나아가고, 복음이 다시 한번 우리 가슴에 깊이 새겨지는 거룩한 시간이 되기를 주님의 이름으로 축원합니다.

1. 복음은 예수!

복음이 뭐냐? 먼저, 복음은 예수입니다. 복음이라는 게 워낙 덩치가 커서, 한두 마디 말로 담아내기는 어렵지만, 이 단어라면 가능합니다. 예수! 복음은 거두절미하고 예수! 더도 말고 덜도 말고, 복음은 예수입니다! 내가 복음을 받았다는 것은 곧 예수를 받은 것이고, 내가 복음을 알았다는 것은 내 가슴에도 예수가 들어온 것입니다. 누군가에게 복음을 전한다는 것은 다름 아닌 예수를 전하는 것이고, 나도 복음을 누리고 있다면 곧 예수를 누리고 있다는 의미입니다. 복음은 예수입니다.

그런 의미에서 복음의 책 로마서는 예수 이야기로 시작합니다. 2절에 "이 복음은 하나님이 선지자들을 통하여 그의 아들에 관하여 성경에 미리 약속하신 것이라." 그의 아들은 당연히 예수님입니다. 약속이라는 말이 나오는데, 복음이 약속이라면 예수 약속이고, 복음이 성취라면 예수 성취입니다. 복음은 이론이나 사상이 아닙니다. 복음은 철학이나 선동도 아닙니다. 복음은 인격이고, 복음은 그 인격자와의 만남입니다. 예수! 사도들이 복음을 전할 때 바로 이 이름을 전했습니다. 사도행전 16장 31절에 "주 예수를 믿으라. 그리하면 너와 네 집이 구원을 받으리라."

이신칭의를 설교하면서, 결론으로 믿음은 예수, 예수, 예수! 그렇게 마무리를 했습니다. 복음도 그래요. 복음은 예수, 예수, 예수! 예수, 그 이름이 내 가슴에 들어오는 것, 그게 바로 복음입니다. 여기까지 하고, 한번 확인해 보고 싶어요. 사랑하는 성도 여러분, 여러분은 복음을 받은 사람입니까? 다른 말로, 예수 그 이름이 여러분의 가슴에 자리하고 있습니까? 예수 그 이름이 여러분의 삶에 의미가 있습니까? 아멘. 그러기를 바랍니다. 그게 복음입니다.

언젠가 텔레비전 오디션 프로그램을 보면서 복음의 실체를 깨달은 일이 있어요. 예수 그 이름이 복음이구나. 미국 방송이었는데 아메리칸 아이돌이라는 이름의 프로였습니다. 일반 오디션 프로인데 교회 가스펠 팀이 나온 적이 있어요. 심지어 선곡도 가스펠 송이었습니다. 미국에서는 가능한 상황인 모양입니다. 그때 부른 노래가 "나의 주 예수님 주 같은 분은 없네." 영어로 "My Jesus My Savior." 저도 참 좋아하는 찬양인데, 오디션 프로에서 들으니 더욱 은혜가 되었어요. 그런데 심사 위원들도 그랬는지 점수를 잘 받아서 최종 결승까지 올랐어요. 굉장하죠. 가스펠 송으로 결승에 올랐어요.

그런데 아쉽게도, 결승에서 가사가 바뀌었어요. 원래 가사가 "My Jesus My Savior"로 시작하는데, 예선에선 그대로 했어요. 그런데 결승에서는 "My Jesus" 대신 "My Shepherd"로 바뀌었어요. "예수님" 빼고 그 자리에 "목자님"이 들어간 거예요. 내가 잘못 들었나 해서 자막으로 확인해 봤는데, 정말 바뀌었어요. 왜 이럴까, 왜 바뀌었을까? 스스로 바꾼 건 아닌 거 같고,

아마 방송국에서 요구를 한 거 같아요. 종교적 색채가 너무 강하다는 이유가 아니었을까 짐작이 됩니다. My Jesus, 예수는 안 된다. 대신 다른 걸로 바꾸어라, 이렇게 되었겠죠. 나의 목자도 좋고, 나의 구원자도 좋은데, 예수 그 이름만은 곤란하다, 이렇게 된 거 같아요.

조금 아쉬운 마음이 드는데, 역설적으로 복음이 무엇인지를 잘 보여주는 장면이라고 생각해요. 복음은 예수입니다. 세상이 다른 이름은 허용해도 예수, 이 이름만은 허용할 수 없어요. 왜냐하면 예수, 그 이름이 복음이고, 세상은 복음을 거부하기 때문입니다. 사랑하는 성도 여러분, 여러분은 가사 안 바꾸고 부를 수 있는지요? "My Jesus My Savior" 그대로 부를 수 있는지요? 영어 실력 묻는 게 아니고, 믿음의 고백을 묻습니다. "나의 주 예수님 주 같은 분은 없네." 예수 그 이름을 나의 주로 고백하십니까? 그렇다면, 믿음으로 선포할 수 있습니다. 우리 안에 복음이 당도했습니다. 아멘.

2. 복음은 부활 예수!

한걸음 나아가, 복음이 뭐냐? 둘째로, 복음은 부활 예수입니다. 부활 예수! 예수님이 부활하셨다! 이게 복음입니다. 앞에서 복음은 예수라고 했는데, 예수 그 이름이 왜 복음이 되는지를 터치하는 대목입니다. 예수님이 왜 복음이 되느냐? 그분이 부활하셨기 때문입니다. 세상에 훌륭한 사람이 많지만, 다 제쳐두고 왜 예수님만이 우리에게 복음이 되느냐? 오직 그분만이 부활하셨기 때문입니다. 죽음으로 가득한 이 땅에 오직 그분만이 부활하셔서 새로운 생명의 길을 열어 주셨습니다. 그래서 복음은 부활 예수!

3절에 "그의 아들에 관하여 말하면 육신으로는 다윗의 혈통에서 나셨고." 4절은 같이 읽겠습니다. "성결의 영으로는 죽은 자들 가운데서 부활하사 능력으로 하나님의 아들로 선포되셨으니 곧 우리 주 예수 그리스도시니라." 예수님에 관한 두 가지 정보가 소개되는데, 하나는 혈통이고 다른 하나는 부활입니다. 구약 성경에 우리의 구원자가 예언되어 있는데, 다윗의 혈통에서 오신다고 되어 있어요. 그리고 예수님이 그 성취로 오셨습니다. 다윗의 혈통으로 오셨어요. 그런데, 그렇다고 예수님이 우리의 구원자냐? 예수님이 다윗의 혈통이라고 그분이 우리의 구원자가 되느냐? 그건 아니죠. 다윗의 혈통은 많아요. 다윗의 자손은 예수님 말고도 많단 말이죠. 그 많은 다윗의 자손 중에 하필 예수님이 우리의 구원자라는 증거가 있느냐? 있습니다. 바로 부활입니다. "죽은 자들 가운데서 부활하사 능력으로 하나님의 아들로 선포되셨으니."

예수님은 단지 다윗의 자손이 아니에요. 단지 왕족 혈통이 아니고, 부활하신 분입니다. 그래서 그분이 우리의 복음입니다. 예수님은 단지 마음이 따뜻한 분이 아니고, 단지 지혜가 많은 분도 아니에요. 그런 사람은 많아요. 마음 따뜻하고, 지혜 많은 훌륭한 위인들은 여기저기 많아요. 그러나 그런 사람은 위인은 될 수 있어도, 복음이 될 수는 없어요.

복음은 오직 예수! 우리 인생의 근본을 바꿀 복음은, 오직 사망 권세를 깨트리고 무덤 문을 박차고 부활하신 예수! 죽음의 울타리에 갇혀 있던 우리 인생에게 부활 생명의 새로운 길을 여신, 그 이름도 아름다운 예수! 그분이, 오직 그분만이 우리에게 복음이 됩니다. 그래서 복음은 부활 예수!

이 대목에서 다시 한번 확인하고 싶어요. 진중하게 대답해주세요. 제가 설교 시간에 자꾸 말을 시키죠? 왜 그러는가 하면요, 설교는 새로운 내용을 배우는 시간만은 아닙니다. 설교는 배움의 의미도 있고, 말씀을 통해 새로운 깨달음을 얻는 시간이기도 합니다. 그런데 설교는 그 이상입니다. 이미 알고 있는 복음을 함께 고백하고 승화하는 의미도 있어요.

그런 의미에서 묻습니다. 사랑하는 성도 여러분, 여러분은 예수님의 부활을 믿으십니까? 아멘. 예수 부활, 나의 부활! "나는 부활이요 생명이니, 나를 믿는 자는 죽어도 살리라." 오늘은 순교자 기념주일입니다. 샘물교회는 7월 마지막주를 순교자기념주일로 지킵니다. 순교의 열매를 우리에게 허락하신 주님께 감사드립니다. 순교자들이 마지막 순간까지 가슴에 품었던 복음이 무엇일까? 바로 이 복음입니다. 부활 예수! 마지막 숨이 끊어지는 순간 그분들이 가슴에 품었던 고백은 필시 이것입니다. 예수 부활, 나의 부활! 순교를 승리라고 말할 수 있는 것은, 부활이 있기 때문입니다. 예수 부활, 나의 부활! 이 복음이 저와 여러분의 가슴에 깊이 새겨져 있기를 바랍니다.

그런데 이게 말처럼 쉽지는 않아요. 현대 과학 시대에 부활을 믿는다는 게 그렇게 쉽지는 않거든요. 언젠가 선배 목사 한 분이 유명한 교수의 세미나를 다녀와서는 허탈한 표정으로 온 적이 있어요. 유명한 교수예요. 신약학자에 설교학까지 저희 쪽 전공에서는 이분을 모르면 간첩이라고 할 정도로 유명한 분이에요. 그런 분이 강의한다니까 멀리까지 비행기를 타고 가신 거죠.

그런데 강의를 듣는데 뭔가 좀 이상했대요. 그분의 강의에서 무언가 찜찜하고 이상한 향취가 나는 거예요. 그래 그냥 대놓고 한번 물어봤대요. "교수님, 교수님은 예수님의 부활을 믿으십니까?" 다소 무례한 질문일 수 있지만, 아무래도 무언가 찜찜해서 물어본 거예요. "교수님은 예수님의 부활을 믿으십니까?" 그때 그 유명한 교수의 대답이 묘해요. "어떤 의미의 부활을 말하는 겁니까?" 이거 무슨 의미일까요? 어떤 의미의 부활? 이건 안 믿는다는 거예요. 말 돌려서 말하는 사람은 안 믿는 거예요. 그래서 그 선배 목사가 재차 말 돌리지 말고 분명하게 대답해 달라고 물었더니, 그분 대답이 "육체의 부활이라면 저는 믿지 않습니다."

그 교수는 진짜 그리스도인일까요, 아닐까요? 복음을 받은 사람일까요, 아닐까요? 아닙니다. 아무리 성경을 많이 알아도, 아무리 신학 지식이 뛰어난 교수여도, 그분은 복음을 받은 그리스도인이 아닙니다. 복음은 부활 예수입니다! 사도들이 전했던 복음의 핵심이 이거였어요. 예수님이 부활하셨다! 예수 부활, 나의 부활! 나중에 묵상하겠지만, 로마서 10장 9절에도 "네가 만일 네 입으로 예수를 주로 시인하며 또 하나님께서 그를 죽은 자 가운데서 살리신 것을 네 마음에 믿으면 구원을 받으리라." 예수 믿음에 부활 신앙이 빠질 수는 없어요. 예수 부활, 나의 부활. 이 복음이 저와 여러분에게 임하였기를 바랍니다. 이 복음을 믿는 자에게 영광스러운 부활 생명이 임할 것입니다. 아멘.

3. 복음은 주 예수!

마지막으로 복음이 뭐냐? 셋째, 복음은 주(主) 예수입니다. 주인 주 자를 써서, 주 예수. 복음은 다름 아닌 예수님이라고 했습니다. 부활하신 예수. 이제 그분을 모시는 예법을 묵상하는데, 예수님을 모실 때는 주님의 자리에 모셔야 합니다. 종의 자리가 아니고, 수단의 자리도 아니고, 오직 주인 주 자, 주님의 자리에 모실 때 진정한 복음이 우리에게 임합니다.

1절에 "예수 그리스도의 종 바울은." 로마에 있는 성도들에게 편지를 쓰면서 바울이 스스로를 소개하는 대목입니다. 여러분은 자신을 소개를 할 때 무어라고 하시나요? 교회 이름을 댈 수도 있고, 가족 이름을 댈 수도 있어요. 직장 이름을 대거나, 공적인 직위가 있는 분들은 직위를 대겠죠. 아이들은 학교 이름을 댈 수도 있겠죠.

그런데 바울은 스스로를 이렇게 소개합니다. 예수 그리스도의 종 바울입니다. 바울이 왜 이렇게 소개를 하느냐? 이유인즉, 그에게 복음이 당도했기 때문입니다. "예수 그리스도의 종"은 사역자라는 의미도 있지만, 이분이 정말로 예수님을 모신 사람이라는 증표입니다. 예수님을 나의 주인으로 모셨다는 의미입니다. 예수님을 내 삶의 주인의 자리에 모시는 것, 그게 진짜 복음이고, 그래야 진짜 복음을 받은 사람입니다. 사랑하는 성도 여러분, 여러분은 진정으로 복음을 받은 사람입니까? 다른 말로, 예수 그 이름이 여러분 삶의 주인의 자리에 있습니까? 그러기를 바랍니다. 그럴 때 비로소 나에게도 복음이 당도하였다고 말할 수 있습니다.

그런 의미에서, 복음을 제대로 받은 사람은 생각보다 적어요. 받았다고 생각하는데, 진짜 복음을 받지 못한 경우도 있어요. 받기는 받았는데, 분명히 복음을 받기는 받았는데, 엉뚱한 그릇에 받은 경우가 있어요. 예수님을 받되, 종의 자리에 받은 사람이 있어요. 예수님을 모시되, 내 삶의 도구의 자리에 받은 사람이 있어요. 전통적인 종교심의 자리에 받은 분도 있고. 사실 목사의 마음으로는 어느 그릇에 받았던 예수 이 귀한 이름을 받았다는 거 자체로도 고맙고 귀해요. 그 이름 자체가 너무 귀하니까. 그런데, 복음의 참 맛을 알려면, 복음의 참 능력을 경험하려면 이 그릇에 담아야 합니다. 주인 주 자, 주 예수.

그릇이 잘못되면 잘 안 담기거든요. 남편이 잘 안 담기는 그릇이 있어요. 아무리 애를 써도 이 그릇에는 잘 안 담겨요. 무슨 그릇일까요? 바가지. 거기에는 담겨도 남편이 아니고, 주눅이 담겨요. 남편을 담았다고 생각했는데, 나중에 뚜껑 열면 남편은 없고 주눅만 담겨 있어요. 남자 분들 동의하시죠?

한편 아내가 잘 안 담기는 그릇이 있어요. 무슨 그릇일까요?

사실 이거는 잘 모르겠어요. 설교가 짝이 맞으려면 이게 들어와야 되는데, 잘 모르겠어요. 그래서 아내가 저를 답답해하는지도 몰라요. 여하튼 있겠죠. 그래서 '그릇 X'라고 부르겠습니다. 거기엔 아내가 잘 안 담겨요.

예수님도 마찬가지, 담으려 해도 잘 안 담기는 그릇이 있어요. 수단의 자리. 나중에 시간 날 때의 자리. 필요할 때만의 자리. 거기엔 잘 안 담겨요. 물론 어느 그릇이건 담기긴 담겨요. 잔소리 그릇에도 남편이 담겨요. 구겨져서 그렇지 담기긴 담겨요. '그릇 X'에도 아내가 담기긴 담겨요, 대신 구겨져요. 진짜를 경험하지 못한다는 거죠. 예수님도 마찬가지, 그릇이 잘못되면 그분이 구겨져요. 그분의 진가를 맛보지를 못해요. 겉핥기밖에 못해요.

진짜를 맛보려면 주인 주 자에 주 예수! 그분이 나의 종이 아니라, 그분이 나의 주인이 될 때, 거기서 우리가 참된 복음, 삶의 자유와 존귀함을 누립니다. 내 뜻을 이루기보다, 오히려 내 뜻을 내려놓고 내 삶의 주인이신 그분의 뜻에 내 삶을 맞출 때, 거기서 참된 복음, 삶의 존귀함과 자유를 누립니다.

사실 이 대목에선 제가 경험이 많이 부족해서 함부로 말하긴 그렇지만, 성경의 가르침이 그래요. 먼저 가신 귀한 선배들의 경험이 그래요. 진짜 복음을 누리를 원한다면, 주 예수. 주님이 내 삶의 주인이십니다. 이 고백의 그릇에 복음을 받아야 합니다.

결론 · 다시 복음으로

말씀을 맺습니다. 오늘의 말씀은, 다시 복음 앞에. 순교자 기념 주일에 다시 복음을 마음에 새겼습니다. 예수, 부활 예수, 그리고 주 예수. 순교자의 가슴에 새겨졌던 복음이고, 우리 가슴에 늘 품고 살아야 할 복음입니다. 복음은 예수입니다. 예수, 이 아름다운 이름을 내 삶의 주인 자리에 모시고, 참된 복음을 경험하는 복된 인생 되시기를 주님의 이름으로 축원합니다.

복음 III
복음의 열매 : 관계를 변화시키는 복음
(롬 1:8–13)

서론 · 관계를 변화시키는 복음

오늘의 말씀은 복음의 열매입니다. 건강한 나무에는 열매가 맺히는데, 복음도 그래요. 복음이 임하면 합당한 열매가 나타납니다. 다양한 열매가 있는데, 오늘 묵상할 열매는 관계의 열매입니다. 복음이 임할 때 우리의 관계가 변화됩니다. 우리의 고백만 변하는 게 아니에요. 주님을 향한 우리의 고백도 변하지만, 나와 너 사이 우리의 관계가 변화됩니다. 아름답게 변화돼요.

오늘 본문이 그 내용입니다. 유념할 것은, 명시적인 가르침은 아닙니다. 대놓고, '복음은 우리의 관계를 이렇게 변화시킵니다.' 하고 가르치는 본문은 아닙니다. 대신 은근하게 묻어납니다. 행간에 묻어나요. 사실 명시적인 가르침보다 이런 게 더 분명한 열매일 수 있죠. 표면적으로는 편지글입니다. 바울이 로마 성도들에게 편지를 써서 이런저런 이야기를 해요. 그런데 읽다보면 느낌이 와요. '아, 따뜻하다. 아, 좋다. 복음이 임할 때 이런 관계가 되는구나.' 이 시간 복음의 열매, 나와 너 사이에 임하는 관계의 열매를 묵상합니다. 묵상하실 때, 우리 안에 복음의 따뜻한 열매가 주렁주렁 맺히기를 기대합니다.

1. 중보 기도

먼저, 9절을 같이 읽습니다. "내가 그의 아들의 복음 안에서 내 심령으로 섬기는 하나님이 나의 증인이 되시거니와 항상 내 기도에 쉬지 않고 너희를 말하며." 복음의 열매가 보이시나요? 두 글자입니다. 네, 맞습니다. 기도. 그게 복음의 열매입니다. 그런데 보다 정확히는 두 글자를 덧붙여야 합니다. 그냥 기도가 아니고 무슨 기도? 중보 기도. "항상 내 기도에 너희를 말하며."

기도에는 두 종류가 있어요. 그냥 기도가 있고, 중보 기도가 있습니다. 차이가 있다면? 그냥 기도가 나를 위한 기도라면, 중보 기도는 너를 위한 기도입니다. 저 사람을 위한 기도. 복음의 열매입니다. 복음이 임할 때 중보 기도가 임합니다. 다른 말로, 내 기도가 담장을 넘어갑니다.

물론 그냥 기도도 귀해요. 꼭 중보 기도가 아니더라도, 그냥 기도 자체도 귀한 복음의 열매입니다. 예를 들어, 생전 기도를 안 하던 분이 갑자기 기도를 한다, 무슨 의미겠어요? 복음이 임한 거죠. 주님을 알게 된 거죠. 그러니까 기도하겠죠. 그런데 진정한 복음의 열매는 조금 더 깊은 자리에 있습니다. 이름하여 중보 기도입니다. 우리 집 담장을 넘어가는 기도입니다.

사랑하는 성도 여러분, 우리 안에 중보 기도가 임하기를 바랍니다. 우리 기도의 지경이 넓어지기를 바랍니다. 바로 그때 확신할 수 있어요. 내 안에 복음이 임하였구나. 그런 의미에서 복음은 '거룩한 오지랖'을 일으킨다고 말할 수 있어요. 언어가 조금 거칠지만, 이 단어가 떠올라요. 오지랖. 중보 기도가 그렇거든요. 내가 저 사람을 위해 기도를 왜 하냐고요? 나 살기도 바쁜데 쓸데없이 저 사람 걱정을 내가 왜 하냐고요? 왜 할까요? 성경이 말하기를, 복음이 임하였기 때문입니다.

물론 그냥 오지랖도 있어요. 괜히 오버하는 경우도 있죠. 사람 귀찮게 하는 오지랖. 이런 건 주의해야합니다. 그런데 그 오지랖이 기도라면 달라요. 기도 중에 누군가를 염려할 수 있다면, 그건 정말 아름다운 일입니다. 당사자는 모를 수도 있어요. 그렇지만 누군가를 위해 내가 기도할 수 있다면, 내 마음을 담아 누군가를 위해 기도할 수 있다면, 필시 나에게도 복음이 임한 겁니다.

우리 주님이 그러셨습니다. 복음의 주인이신 우리 예수님. 그분의 기도의 특징이, 언제나 바깥을 향했어요. 제자들을 위해 기도하시기를 "아버지, 저들이 하나가 되게 하소서. 저들이 서로 사랑하게 하소서." 자신보다 늘 다른 사람을 위해 기도하셨어요. 심지어 자기를 십자가에 못 박는 자들을 위해서도 기도하셨어요. "주여, 저들의 죄를 사하여 주소서. 저들은 자기들이 무슨 짓을 하는지 모르고 있나이다." 왜 이러셨을까요? 그분에게 복음이 임하였기 때문입니다. 보다 정확히는 그분 자체가 복음이었기 때문입니다.

잠시 곁길로 나가서, 성도 여러분, 주님도 기도를 하셨습니다. 예수님도 기도란 걸 하셨어요. 생각하면 이상할 수 있어요. 주님은 기도를 들으셔야지, 주님이 기도를 하는 건 좀 이상하잖아요. 하나님이신데. 그런데 주님은 누구보다 열심히 기도하셨어요. 기도의 세계가 묘해요. 성도 여러분, 기도는 연약한 인간의 전유물이 아닙니다. 하나님의 아들 예수님도 기도하셨어요. 기도란 것이 단지 약해서 하는 게 아니라는 거예요.

그래서 저는 기도를 이렇게 정의합니다. 기도는 약한 사람이 하는 게 아니고, 마음이 따뜻한 사람이 하는 것이다! 기도는 복음의 사람이 하는 것이다! 그리고 거기에 주의 능력이 임합니다. 특히 중보 기도가 그래요. 마음이 따뜻한 사람이 있어요. 복음이 내 안에 들어오고, 주님의 마음이 내 안에 들어오고, 그래서 마음이 따뜻한 사람. 그 사람에게서 나타나는 열매가 있는데, 그게 바로 중보 기도입니다. 우리 안에 복음의 첫 번째 열매, 서로를 위한 중보 기도가 임하기를 주님의 이름으로 축원합니다.

2. 만남의 기쁨

이제 두 번째, 10절 같이 읽습니다. "어떻게 하든지 이제 하나님의 뜻 안에서 너희에게로 나아갈 좋은 길 얻기를 구하노라." 복음의 열매가 보이시나요? 초두에 말씀드렸듯이, 명시적인 가르침이 아니고 행간을 읽는 것이기 때문에 눈을 좀 크게 뜨고 창조적으로 언어를 선택할 필요가 있어요. '만남'이라고 하면 적당할 겁니다. 만남 혹은 만남의 기쁨. 아름다운 복음의 열매입니다.

바울은 어떡하든지 로마로 가고 싶어 합니다. 가서 로마에 있는 성도들을 만나고 싶어 해요. "어떻게 하든지 이제 하나님의 뜻 안에서 너희에게로 나아갈 좋은 길 얻기를 구하노라." 그 내용이거든요. 이유가 뭘까요? 바울은 왜 이렇게 로마로 가고 싶어 하고, 로마에 있는 성도들을 만나고 싶어 할까요? 이유인즉, 바울에게 복음이 임하였기 때문입니다.

복음은 우리 안에 그리움을 일으킵니다. 사람을 향한 그리움, 사람을 향한 만남의 소망을 일으킵니다. 성도 여러분, 혹시 그런 사람 있습니까? 아침에 눈만 뜨면 자꾸 얼굴이 떠오르고, 만나고 싶은 사람이 있으세요? 그거 뭘까요? 보통은 연애 감정이죠. 연애할 때가 된 거죠. 우리 청년들 연애도 많이 하시면 좋겠어요. 그런데 연애도 아닌데 자꾸 얼굴이 떠올라요. 만나고 싶고, 전화도 하고 싶고. 이건 뭘까요? 복음입니다. 우리 안에 복음이 임하기를 소원합니다.

복음의 열매는 단지 신학 지식이 아니에요. 성경 많이 안다고 복음이 임한 건 아닙니다. 인격이 변하고 관계가 변할 때 진정으로 복음이 임했다고 할 수 있습니다. 목장 모임 이야기를 하고 싶은데, 우리 교회에는 목장이 있죠. 행복한 모임 되기를 주님의 이름으로 축원합니다. 말처럼 쉽지만은 않아요. 사람과 사람의 만남이 그렇게 간단한 게 아니거든요. 만남 속에는 기쁨도 있지만, 때로 부담도 있고, 만나면 반가움도 있지만, 때로 긴장감도 있어요. 더러 사람한테 데인 분들이 있잖아요. 냄비에 데기도 하지만, 때로 사람한테 데이기도 해요. 그리고 그게 더 아파요. 냄비보다 사람이 아파요. 사람과 사람이 만난다는 게 결코 간단치가 않아요.

'히키코모리'라는 단어를 아시는지요? 참 안타까운 단어입니다. 일본말로 "은둔형 외톨이"라고 합니다. 사람과의 관계를 완전히 단절한 분들입니다. 늘 방 안에 갇혀서 집밖을 안 나가요. 하루 종일 방 안에 갇혀서 게임 하고, 인터넷 하고, 사람과의 만남을 철저히 거부하는 히키코모리. 일본에 그런 사람들이 많은가 봐요.

물론 우리도 예외가 아닙니다. 미국 유학할 때 강아지를 키우는 권사님이 계셨어요. 저는 사실 잘 이해가 안 되더라구요. 왜 강아지를 집에다 들일까? 그것도 두 마리 씩이나. 소파에다가 자리 깔아 가지고 정성껏 키워요. 권사님 하시는 말씀이, "사람보다 훨 나아요. 사람은 삐지지. 화내지. 심지어 배신도 하지. 잘해 줘도 고마운 줄도 모르고. 그런데 강아지는 안 그래요. 내가 밖에 나갔다가 들어오면 얼마나 반갑게 맞아주는지 몰라요. 과자 하나만 줘도 그렇고 고마워하고. 잘 키운 강아지 한 마리 열 사람 안 부러워요." 원래는 열 사람이 아니고 열 남편이었는데, 차마 자존심 상해서 고쳤습니다.

혹시 이 권사님이 이해가 되시나요? 바라기는 이해가 안 되시기를 주님의 이름으로 축원합니다. 우리 성도들은 강아지도 좋지만, 사람을 더 사랑하는 분들이 되시면 좋겠어요. 사람은 삐지고, 사람은 상처 주고, 뒤통수도 치고. 그래서 잘 키운 강아지 한 마리 열 사람 안 부럽다는 느낌이 들어도, 그래도 마음 열어 사람을 더 아끼고, 마음 열어 사람을 더 사랑하는 그런 성도, 그런 교회가 되기를 바랍니다. 왜냐하면 그게 복음입니다. 그게 교회입니다. 복음은 강아지와 나 사이에는 임하는 게 아니고, 복음은 나와 너 사이에 임합니다. 우리 교회에, 우리 목장에 복음이 임하기를 바랍니다.

사람에게 상처를 안 받는 비결이 무엇일까? 만남에서 상처를 받지 않는 비결이 뭘까? 오늘 본문을 보면서 한 가지 떠올라요. 11절을 같이 읽습니다. "내가 너희 보기를 간절히 원하는 것은 어떤 신령한 은사를 너희에게 나누어 주어 너희를 견고하게 하려 함이니." 상처 받지 않는 비결이 보이시나요? 이것도 행간을 읽어야 되는데. "내가 너희 보기를 간절히 원하는 것은." 만남의 목적인데요, 바울이 로마의 성도들을 간절히 만나고 싶은 목적 혹은 이유를 설명하는데, "어떤 신령한 은사를 너희에게 나누어 주기 위함이라."

"은사"는 선물이라는 뜻인데, 여기에 비결이 있어요. 바울은 무얼 챙기러 간 게 아니에요. 로마의 성도들을 만나러 가는데, 거기서 무언가 얻어야지, 좋은 거 챙겨야지, 이러고 간 게 아니에요. 대신 뭐 하러 갔을까요? 주러 갔습니다. 선물을 주기 위해, 선물을 나누기 위해 간 거예요. 이게 비결이 아닐까 싶어요. 챙기려고 하면 상처가 생겨요. 받으려고 하면 아쉬움이 생겨요. 그런데 애초에 주러 가면, 상처 받을 일이 없어요. 애초에 선물을 주기 위해, 선물을 나누러 가면, 상처 받을 일도 없고, 아쉬워할 이유도 없지 않을까.

너무 이상적인가요? 말하면서도 좀 그런 거 같아요. 그런데 꼭 그렇지만은 않은 거 같아요. 지지난 주 한 자매님이 간증을 해주셨죠. 생명의 삶을 마치고 너무 행복하다고. 그러면서 하신 말씀이 요새 그분 관심이 뭐라고요? "요새 제 은사가 무엇인지를 찾고 있습니다. 저도 목장에 보탬이 되고 싶어서." 그분이 복음의 비밀을 아는 거 같아요. 목장 모임의 비밀을 아는 거 같아요.

우리의 만남은 무언가를 얻기 위한 만남이 아니라, 오히려 무언가를 주기 위한 만남이기를 바랍니다. 우리 교회 목장은 위로를 받으러 가는 모임이기도 하지만, 누군가를 위로하러 가는 모임이면 좋겠어요. 우리 교회 목장은 무언가를 두둑하게 챙기러 가는 모임이 아니라, 오히려 홀쭉하게 내 것을 나누러 가는 모임이기를 바랍니다. 어쩌면 거기에 더 큰 위로가 있어요. 어쩌면 거기에 더 큰 두둑함이 있어요. 복음이 참 신비하거든요. 복음의 열매 두 번째는 만남의 기쁨입니다. 우리 안에 복음이 선물하는 따뜻한 만남이 임하기를 주님의 이름으로 축원합니다.

3. 피차 안위

마지막으로, 복음의 열매 마지막 세 번째는 12절입니다. “이는 곧 내가 너희 가운데서 너희와 나의 믿음으로 말미암아 피차 안위함을 얻으려 함이라.” 보이시나요? 조금 특이한 단어입니다. 피차-안위. 이게 좀 특이한 단어인데요, 성경에서 딱 여기만 나와요. “숨-파라클레테나이.” 원래 없는 단어예요. 당시 사전에 안 나와요. 바울이 새로 만든 단어입니다. “파라클레테나이”라는 기존 단어에 “함께”라는 의미의 접두어를 붙여서 만들었어요. 자신과 로마 성도들 사이의 관계를 표현할 적합한 단어가 없었던 거죠. 그래서 그냥 새로 만들었어요. 그렇게 만든 단어가 피차-안위.

무슨 의미냐? 연동입니다. 연동되는 기쁨. 연동되는 위로. 심지어 연동되는 아픔. 복음을 받고 보니 나의 기쁨과 저 사람의 기쁨이 연동되는 거예요. 복음을 받고 보니, 저 사람의 아픔과 나의 아픔이 서로 연동이 돼요. 저 사람이 기쁠 때 나도 기쁘고, 저 사람이 슬프면? 나도 아프더라. 감동적인 드라마 대사가 있었죠. “아프냐? 나도 아프다!” 성도 여러분, 여러분에게도 혹시 그런 사람이 있습니까? “아프냐? 나도 아프다!” 가족은 당연히 그러겠죠. 그런데 가족의 담장 너머에도 그런 사람이 있기를 바랍니다. 복음의 열매입니다.

피차-안위는 결국 한 몸이라는 말입니다. 탈무드에 나오는 유명한 이야기가 있죠. 아이가 태어났는데 몸은 하나인데 머리가 둘이예요. 어떤 사람이 묻기를 "이 사람은 한 사람입니까, 두 사람입니까?" 지혜로운 랍비가 대답하기를, "뜨거운 물을 한 쪽 머리에 부어보라. 그래서 반대편 머리에서, 앗 뜨거! 이 소리가 나오면 한 사람인 거고, 아이고, 꼬시다! 하며 씩 웃으면 두 사람이다." 참 지혜로운 판단이라는 생각이 듭니다. 복음의 열매는 피차-안위. 사람과 사람을 연동되게 합니다. 우리 안에 이 따뜻한 복음이 임하기를 소망합니다.

우리 교회에 와서 제가 복음을 배웁니다. 이제 온 지 한 달 됐는데, 간혹 힘에 부칠 때가 있어요. 다른 이유는 아니고, 교회에 아픈 분들이 많아요. 식구가 많아서 그런가, 아픈 분들이 너무 많아요. 목사니까 기도를 위해 소식을 전해 듣는데, 참 힘들더라고요. 듣다가 이제 그만하라고. 마음 그릇이 얕은지 성도들의 아픔을 담아내기가 조금 힘이 들어요.

그래서 부탁이 있습니다. 성도 여러분, 아프지 마세요. 다치지도 말고. 다른 사람은 몰라도 우리 성도들은 다들 건강하면 좋겠어요. 제 마음이 왜 이럴까요? 아직은 이기적이어서 그런

거 같다는 생각도 들어요. 그런데 진짜 이유는 저와 여러분 사이에 복음이 임했기 때문입니다. 목사가 능력이 있어서 고쳐드릴 수 있으면 좋은데, 부족한 목사여서 너무 죄송합니다. 다만 제가 드릴 수 있는 약속은 같이 아파하겠습니다. 같이 아파하고 기도하겠습니다.

결론 · 복음이 임하기를

오늘의 말씀은 복음의 열매입니다. 복음은 예수님과 나 사이에 임하지만, 또한 복음은 나와 너 사이, 나와 저 사람 사이에 임합니다. 우리의 관계를 변화시킵니다. 서로를 위한 중보 기도, 만남의 기쁨, 나아가 피차-안위의 신비까지. 함께 아파하고 또 함께 기뻐하는 참된 복음의 열매가 우리 안에 맺혀지기를 주님의 이름으로 축원합니다. 아멘.

복음 IV

빚진 자의 마음

(롬 1:14-15)

서론 · 빚진 자의 마음을 주소서

오늘의 말씀은 빚진 자입니다. 빚(debt)에 관한 설교인데요, 그리 반가운 단어는 아니죠. 빚이라는 단어가 아픔인 분들도 있을 거예요. 빚은 내 삶을 옥죄는 족쇄요, 내 어깨를 짓누르는 짐이라. 사실 저는 그 느낌을 잘 몰라요. 크게 빚을 져 본 일이 없어서. 혹시 우리 성도들 중에도 힘겨워 하시는 분이 있다면, 주의 은혜로 무거운 짐에서 벗어날 수 있기를 기원합니다.

각설하고 오늘의 말씀은 이겁니다. 인생들아, 빚진 자의 마음으로 살아라. 어떤 마음으로? 빚진 자의 마음으로. 빚지고 살라는 말은 아닙니다. 그러면 힘들잖아요. 그게 아니고, 삶의 태도에 관한 말씀입니다. 빚진 자의 마음으로 살라. 사도 바울이 그랬어요. 본문에 바울이 자신을 소개하기를 "내가 빚진 자라." 정말로 빚을 졌다는 말은 아닙니다. 대신 삶의 자세를 일컫는데, "나는 빚진 자의 마음으로 사는 사람입니다." 그렇게 읽으면 틀림없습니다.

이유가 뭘까요? 빚진 자로 사는 것이 그리 달가운 일은 아닌데, 주께서 우리에게 그 마음을 요구하는 이유는 무엇일까? 묵상하실 때, 더 성숙한 신앙으로 들어가는 통로가 되기를 소망합니다.

1. 사실이기 때문에

첫째, 사실이기 때문입니다. 빚진 자의 마음을 요구하는 이유는 그게 사실이기 때문입니다. 애초에 빚이 없으면, 빚진 자의 마음 따위는 필요 없어요. 그런데 빚이 있어요. 다들 그래요. 성경이 바라본 우리 인생이 그래요. 인생들아, 그대 이름은 빚진 자니라. 그러니 빚진 자의 마음으로 살아라.

혹시 공감이 되시는지요? 우리가 빚진 자가 맞을까요? 공감이 되면 좋고, 아니면 이 문구가 도움이 될 수 있습니다. 공수래공수거(空手來空手去). 성경 말씀은 아니지만, 우리 삶을 절묘하게 요약하는 문구입니다. 빈손으로 왔다가 빈손으로 떠나는 인생. 우리 인생이 그렇잖아요. 빈손으로 오고, 또 빈손으로 가요. 그런데 보면 다들 잘 먹고, 잘 살아요. 알몸으로 태어나서 옷 한 벌은 건졌어요. 목사의 문화권이 생각보다 넓죠?

여하튼, 분명히 빈손으로 왔는데, 빈손으로 살지 않아요. 다들 손에 무언가 쥐고 있어요. 그게 뭘까요? 그걸 뭐라고 불러야 할까? 자본주의 사회는 소득이라고 이야기합니다. 내가 땀 흘려 벌어들인 소득이다. 맞는 말이죠. 돈 벌어서 옷 사고, 돈 벌어서 쌀 사고, 내가 번 내 소득입니다. 그런데 소득만 있는 게 아니에요. 삶을 찬찬히 둘러보면, 빚이 많아요.

예를 들어, 우리가 발을 디디고 사는 이 땅, 이건 소득이 아니잖아요. 우리가 머리에 이고 사는 하늘, 숨 쉬는 공기, 태양과 맑은 물. 옷이나 밥보다 훨씬 귀한 것들인데, 가격표를 안 매겨서 그렇지, 비교할 수 없이 귀한 것들인데, 우리가 만든 게 아닙니다. 우리가 벌어들인 게 아니에요. 소득이 아니란 말입니다. 그렇다고 부모님이 물려주신 것도 아니에요. 수사적으로는 조상들이 물려줬다고 하지만, 말 그대로 수사적인 표현이지, 그분들이 만들어서 그분들이 우리에게 물려준 게 아니에요. 그렇다면 이 모든 게 다 뭐냐? 다 어디서 왔느냐? 성경이 말하기를, 인생들아, 그대 이름은 빚진 자니라. 성도 여러분, 우리 빚진 자의 마음으로 살기를 바랍니다. 다른 말로, 감사하며 살기를 바랍니다. 우리는 빚진 자니까.

공감이 되시나요? 그렇죠. 그런데 바깥 분들에게는 이것도 쉬운 문제가 아닙니다. 그분들은 빚이라고 생각하지 않아요. 대신 그분들이 쓰는 용어가 있는데, 자연입니다. 말은 안 해도 생각을 짚어보면, 이렇게 생각해요. "하늘과 땅은 내가 벌어들인 소득은 아니지만, 그렇다고 누구한테 진 빚도 아니야." 그럼 뭐냐? "그냥 있는 거야. 그냥 원래부터 거기 있는 거야." 그래서 부르는 이름이 자연입니다.

이게 일반적인 세상 사람들의 생각입니다. 어쩌면 우리 안에도 그런 생각이 스며있는지도 모르죠. 그런데 너무 피상적이에요. 우리 시대의 문제 가운데 하나가 피상성이에요. 삶에 대해 깊이 생각하지 않아요. 열심히 살고 분주하게는 사는데, 생각을 잘 안 해요. 가치 있는 삶을 살려면, 잠시 걸음을 멈추고 삶을 성찰할 필요가 있어요. 조금만 깊이 생각하면, 벽돌 한 장도 만든 사람이 있고, 밥 한 그릇도 출처가 있는데, 이 거대한 우주와 이 신비한 자연이 그냥 존재한다? 그건 아니잖아요.

심지어 '나(I)'라는 존재도 그래요. 땅과 하늘 이전에 '나'라는 존재 자체가 내가 만든 게 아니잖아요. 내가 번 소득도 아니고. 그렇다면 뭘까요? 이것도 빚이라 부를 수 있어요. 어느 날 나에게 주어졌습니다. 이 신비한 몸이 어느 날 나에게 주어진 거예요. 심장이 콩닥콩닥, 혈관은 온몸으로 흐르고, 내장은 음식을 소화시키고. 과학자들도 인체의 신비라고 부를 정도로 신비한 우리 몸인데, 내가 만든 게 아닙니다.

돈 주고 산 것도 아니고. 그렇다면 이게 무엇일까? 무어라고 불러야 할까? 성경이 말하기를, 인생들아 그대 이름은 빚진 자니라. 성도 여러분, 빚진 자의 마음으로 살기를 바랍니다. 우리는 빚진 자입니다. 우리 사는 세상도 그렇고, 나라는 존재 자체가 빚입니다. 언어가 거칠어도 참 심오하고도, 참 정직한 표현입니다. 내 삶은 빚으로 가득해요. 먼저 깨달은 우리라도 하나님 앞에 이 마음 품고 살기를 바랍니다. 빚진 자의 마음으로.

2. 그것이 우리의 구원이 되기 때문에

두 번째, 빚진 자의 마음을 요구하는 이유가 뭐냐? 그것이 우리의 구원이 되기 때문입니다. 내 안에 구원이 임한 증표가 뭐냐? 빚진 자의 마음. 다른 말로, 은혜를 아는 마음, 그래서 빚진 자의 마음. 이것이 바로 구원의 고백입니다. 빚진 자의 마음이 구원의 통로가 되고, 빚진 자의 마음이 구원의 증표가 됩니다. 표현은 초라해도 이 마음만큼 귀한 마음이 없어요.

같은 하늘 아래 산다고 같은 세상을 사는 게 아닙니다. 품고 사는 세계관에 따라 같은 하늘 아래지만 전혀 다른 세상을 삽니다. 그 사람의 세계관을 보면, 그 사람의 신분이 보여요. 어떤 분은 그냥 자연을 삽니다. 우연으로 가득한 세상, 그냥 있는 세상을 살아요. 자연을 사는 거죠. 이런 사람을 두고, 자연인이라고 부를 수 있을 겁니다.

그런데 같은 하늘 아래 다른 세상을 사는 사람이 있어요. 자연이 아니라 은혜를 사는 사람이 있습니다. 자연이 아니라 은혜를 사는 사람. 구원 받은 하나님의 자녀입니다. 하늘을 보면서, "하나님의 선물이 저기 있구나. 내가 그분께 하늘을 빚지고 사는 구나." 땅을 보면서, 숨 쉬는 공기를 보면서, "여기에도 내 빚이 있구나. 하나님의 은혜가 나를 둘러싸고 있구나." 하나님의 자녀들의 마음이고, 바로 그 마음에 구원이 임합니다.

이 대목에서 빼놓을 수 없는 빚이 있어요. 십자가의 빚, 예수님의 빚입니다. 구원 받은 사람이 어떤 사람이냐? 십자가 앞에서 빚진 자의 마음을 품는 사람입니다. "주님, 내가 주님께 목숨을 빚진 사람입니다." 이 고백을 품은 사람이 진정 구원을 받은 사람입니다.

고난주간이 되면 우리는 늘 주님의 고통을 묵상합니다. 그분이 당한 육체의 고통, 마음의 고통, 심지어 하나님께 버림받은 영적인 저주의 고통까지. 주님의 몸에 부어진 고통을 묵상합니다. 그런데 단지 그분의 통증을 묵상하는 게 아닙니다. 단지 그분의 아픔을 묵상하는 게 아닙니다. 우리가 그분께 진 빚을 묵상합니다. "주님, 내가 주님께 고통을 빚진 사람입니다." 이게 핵심입니다. 이 묵상과 이 고백이 우리에게 구원의 통로와 증표가 됩니다.

"나를 지으신 이가 하나님 나를 부르신 이가 하나님 나를 보내신 이도 하나님." 제가 참 좋아하는 찬양입니다. 마지막 부분 "나의 나 된 것은 다 하나님 은혜라"를 따와서 제목이 "하나님의 은혜"입니다. 그런데 설교 준비하면서 이 찬양을 묵상하는데, 제목을 바꿔도 좋을 거 같아요, "빚진 자의 노래"로. "나의 나 된 것은 다 하나님 빚이라." 구원의 노래입니다.

그런데 이 찬양과 관련해서 저한테 안 좋은 기억이 있어요, 언젠가 이 찬양을 듣다가 속이 미식거린 적이 있어요. 어느 교회에서 특송으로 들었는데, 독창하시는 분이 너무 휘저어요. 너무 부담스러운 톤으로. 어떻게 표현해야 될지 모르겠는데, 몸짓이며 목소리 톤이 은혜와는 잘 맞지가 않아요. 특히 "한량없는 은혜" 이 대목에서 너무 기교를 부린 나머지, 은혜를 찬양하는지, 아니면 자신의 기교를 뽐내는지가 헷갈려요. 마치 "여러분 오늘 제 노래 듣는 걸 영광으로 아세요." 하고 으스대는 느낌마저 들었어요. 제가 오해를 한 건지 모르겠지만, 여하튼 느낌이 그랬어요.

찬양은 기교도 중요하지만, 찬양은 마음입니다. 특히 이 찬양은 빚진 자의 마음으로 불러야 합니다. "나의 나 된 것은 다 하나님 은혜라." 언젠가 찬양대에서 한번 해주시면 안 될까요? 대신 톤을 잘 살려주셔야 합니다. 성경이 왜 우리에게 빚진 자의 마음을 요구하느냐? 그것이 우리에게 구원이 되기 때문입니다. 사랑하는 성도 여러분, 우리 빚진 자로 살기를 바랍니다. 그 마음이 우리에게 구원을 선물할 것입니다. 아멘.

3. 좋은 일꾼이 되라고

마지막으로, 성경이 우리에게 빚진 자의 마음을 요구하는 이유가 무엇인가? 첫째는 사실이기 때문이라고 했고, 둘째는 그 고백이 우리에게 구원의 통로와 증표가 되기 때문이라고 했습니다. 마지막으로, 빚진 자의 마음을 요구하는 이유는, 그것이 우리를 귀한 일꾼으로 빚어가기 때문입니다. 주님은 우리가 귀한 일꾼이 되기를 바라십니다. 그래서 이 마음을 요구하십니다. 빚진 자의 마음으로 살아라.

귀한 일꾼이 될 때는 사도 바울처럼! 바울이 참 귀한 일꾼이잖아요. 너무 귀한 일꾼입니다. 충성스러우면서도 겸손하고, 통이 크면서도 세심한 일꾼. 사람이 어떻게 저럴 수 있을까 싶을 정도로, 너무나 귀한 사람입니다. 비결이 뭘까요? 같은 인간인데 어떻게 그렇게 귀한 일꾼이 되었을까? 비결이 있으니, 빚진 자의 마음입니다. "헬라인이나 야만인이나 지혜 있는 자나 어리석은 자에게 다 내가 빚진 자라." 이 마음이 일꾼을 만들어요. 좋은 일꾼이 될 때는 빚진 자의 마음으로.

잠시 곁길로 나가서, 우리가 눈여겨 볼 대목이 있는데, 바울이 말하는 빚의 향방이 좀 묘해요. 누구한테 빚을 졌느냐? 본문을 보면 사람입니다. "헬라인이나 야만인"에게 빚을 졌다는 겁니다. 그런데 바울이 정말로 그 사람들에게 빚을 졌느냐, 하면 그렇지가 않아요. 그 사람들을 본 적도 없는데 무슨 빚을 졌겠어요? 그런데 바울은 왜 그들에게 빚을 졌다고 말할까?

굳이 빚이 있다면 주님께 졌죠. 예수님께 빚이 있어요. 십자가의 빚, 구원의 빚. 그런데 말하기는, "내가 이 사람들에게 빚진 자라." 어떻게 된 걸까요? 복음의 비밀이 여기에 있습니다. 우리 속담에, 종로에서 뺨 맞고 한강에서 눈 흘긴다고 하는데, 복음의 공식이 그거 하고 비슷해요. 복음이 들어오면, 채무 관계가 묘해집니다. 빚은 주님께 졌는데, 부채 의식이 누구에게 생기느냐? 사람에게 생깁니다. 하나님께 진 빚이 사람에게로 옮겨갑니다. 이게 복음이고, 이게 복음이 주는 마음입니다. 그래서 나온 고백이 "내가 이 사람들에게 빚진 자라."

다시 본론으로 돌아와서, 빚진 자의 마음 이 마음이 참 귀한 것이, 그 마음이 귀한 일꾼을 빚어냅니다. 귀한 일꾼, 하나님이 기뻐하시는 일꾼, 혹은 제가 좋아하는 표현으로는 향이 좋은 일꾼입니다. 일꾼에게는 향이 있잖아요. 향이 좋은 일꾼이 있는가 하면, 그렇지 않은 일꾼도 있어요. 일은 열심히 하는데, 향이 좋지 않은 일꾼도 있어요. 그런데 열심도 있으면서 향마저 좋은 일꾼이 있는데, 빚진 자의 마음으로 섬기는 분들입니다. 자랑하는 마음이 아니라 빚진 자의 마음으로 섬기는 분들은 땀과 함께 향도 좋아요.

우리 교회의 여름은 올해도 뜨거웠습니다. 단기 봉사로 수많은 분들이 해외로 국내 여러 곳으로 다녀왔습니다. 수고한 모든 분들에게 감사와 격려를 보냅니다. 그런데 이 마음이면 좋겠어요. 빚진 자의 마음. "내가 빚진 자라." 그곳으로 달려간 것이 단지 섬기기 위함이 아니라, 내가 빚진 자이기 때문에. 이 마음이 우리의 섬김을 더욱 빛나게 할 것입니다.

제가 오늘로 교회에 부임한지 두 번째 달을 맞이합니다. 한 달을 보내면서 스스로를 돌아보았어요. 지난 한 달 나는 어떤 목사였는가? 어떻게 들리실지 모르겠는데, 스스로를 많이 칭찬하고 싶어요. 적어도 지난 한 달은 후회가 없어요. 사심 없이, 최선을 다해 섬겼습니다. 새벽부터 저녁까지 성도들을 진심으로 사랑하고 염려하고, 기도하고 심방하고, 성심을 다해 말씀을 준비하고, 힘에 부치도록 그렇게 한 달을 지나왔습니다. 하늘을 우러러 한 점 부끄럼이 없는 것 같기도 해요. 너무 나가나요? 민망하지만, 적어도 지난 한 달은 저 자신을 좀 칭찬해 주고 싶어요. 정말 열심히 했어요.

그런데 어떻게 그럴 수 있었을까? 제가 원래 그런 사람이 아닌데, 이런 사람이 아닌데 지금 이러고 있어요. 어떻게 이럴 수가 있을까? 드는 생각이, 빚진 자의 마음입니다. 우리 교회에서 저는 철저히 빚진 자입니다. 교회가 세워질 때 저는 벽돌 한 장 놓은 일이 없어요. 기도 10분을 보탠 적이 없어요. 아무 것도 한 게 없어요. 그런데 어느 날 이 귀한 교회가 저에게 온 거예요. 아무 것도 한 것 없이 이 귀한 자리가 그냥 넝쿨째 저한테 굴러온 거예요.

그러니 모든 것이 감사하고, 모든 게 그냥 행복해요. 누가 알아주지 않아도 즐겁고, 알아주면 황송하고. 하루하루 너무 즐거운 거예요. 드는 생각이, 앞으로 계속 이러다간 정말 내가 훌륭한 목사가 될 수도 있겠단 생각마저 들어요. 빚진 자의 마음, 이거 정말 대단한 거구나, 그런 생각이 들어요.

그런데, 문제는 앞으로입니다. 세월이 흐르면서 마음이 변하겠죠. 빚진 자의 마음은 사라지고, 소위 지분 의식이 생길 수 있어요. 나도 우리 교회에 기여한 게 있네. 나도 좀 보탠 게 있네. 이름 하여, 지분 의식이 생기면, 그러면 아마 많이 달라질 거예요. 서운함도 생기고, 알아주지 않으면 섭섭함도 생기고, 그러면서 게으름도 생기고, 사심도 생기지 않을까 염려가 됩니다. 저를 위해 기도할 때 이 대목을 위해서 많이 기도해 주세요. 초심을 잃지 않도록. 초심이 결국 그거 같아요. 빚진 자의 마음. 이 마음이 가시지 않도록 기도를 부탁드립니다.

결론 - 세상에서 가장 아름다운 마음

말씀을 맺습니다. 오늘 주님이 우리에게 주시는 말씀, 빚진 자의 마음으로. 참 귀한 마음이고 아름다운 마음입니다. 이 마음이 우리에게 있기를 바랍니다. 그게 사실이니까. 우리는 정말 주님께 빚진 자요, 주의 은혜로 사는 사람이기 때문입니다. 또한 우리에게 구원의 통로와 증표가 되는 마음이요, 나아가 우리의 인격을 다듬고, 우리 삶의 향마저 곱게 하는 귀한 마음입니다. 세상에서 가장 아름다운 마음, 세상에서 가장 아름다운 사람을 빚어내는 마음, 빚진 자의 마음으로 살아가는 저와 여러분이 되시기를 주님의 이름으로 축원합니다. 아멘.

복음 V

내가 복음을 부끄러워하지 아니하노니

(롬 1:16-17)

서론 · 복음과 부끄러움

모든 성경 말씀이 귀하지만 특히 오늘 말씀은 무게감이 다릅니다. 묵직합니다. 성경이 반지라면 로마서는 반지의 보석이라고 부릅니다. 로마서가 차지하는 자리가 그만큼 크다는 의미인데, 그 로마서 중에도 반짝반짝 빛나는 구절이 있어요. 오늘 이 말씀입니다. "내가 복음을 부끄러워하지 아니하노니 이 복음은 모든 믿는 자에게 구원을 주시는 하나님의 능력이 됨이라."

로마서의 요절로 불리는 구절입니다. 어쩌면 로마서 전체를 담고 있는 구절이고, 나아가 성경 전체와 우리의 신앙을 가장 집약적으로 담고 있는 구절입니다. 그래서 설교자로서 조금 긴장도 되고 설레기도 합니다. 큰 경기를 앞둔 운동선수 같은 느낌입니다. 성령께서 도와주시길 기대합니다. 들어갑니다.

복음이 부끄러울 수 있다!

반지 구절을 통해 주께서 우리에게 주시는 첫 번째 말씀, 복음이 부끄러울 수 있다! 조금 당황스러운 가르침이지만, 로마서를 통해 주께서 우리에게 일러주시는 진실입니다. "내가 복음을 부끄러워하지 아니하노니." 복음의 중심으로 들어가는데, 바울이 부끄러움을 이야기합니다. 물론 바울이 복음을 부끄러워한다는 말은 아닙니다. 부끄러워하지 않는다고 분명히 말을 합니다. 그런데 왜 이런 식으로 말을 할까? 복음이 부끄러울 수 있기 때문입니다.

예를 들어, 어느 날 아이가 "아빠, 난 아빠를 부끄러워하지 않아!" 이러면 기분이 어떨까요? "그래? 다행이네. 나를 부끄러워하지 않는다고? 역시 우리 아들." 이럴까요? 아니죠. 이 날은 잠을 못 자요. '무슨 일이지? 나에 대해 안 좋은 소문을 들었나? 다른 집 부모하고 내가 비교를 당하나?' 바울의 말에 그 톤이 있어요. 다른 사람도 아니고 위대한 사도 바울이 그냥 예수 복음, 나의 자랑! 이러면 좋잖아요. 내 생애 최고의 보물은 예수! 이러면 좋은데, 괜히 기가 죽은 듯이 "내가 복음을 부끄러워하지 아니하노니." 왜 이럴까요? 다른 사람도 아니고, 바울이 왜 이럴까요?

이유인즉, 로마이기 때문입니다. 로마서는 로마로 보내는 편지입니다. 바로 그 이유입니다. 로마는 영광이었거든요. 모든 사람을 부끄럽게 만들었던 영광의 도시. 온 세상 사람들 주눅들게 만들었던 위대한 도시. 로마 이전의 모든 역사는 로마로 흘러들어오고, 로마 이후 모든 역사는 로마로부터 흘러나온다는 바로 그 로마입니다. 로마의 영향력은 지금까지도 굉장합니다. 정치, 문화, 건축, 여기에 로마법까지 인류 문명 그 자체라고 할 만큼 로마는 거대하고 위대합니다. 지금도 그럴진대, 당시는 얼마나 영광스럽고 웅장했겠어요. 여기에 PAX ROMANA 로마의 평화로 상징되는 로마의 힘이 온 세계를 호령했던 대제국 로마였습니다.

여기서 주눅이 든 거예요. 다른 도시면 몰라도, 로마 앞에 서고 보니, 위대한 사도 바울마저 복음이 너무 초라한 거예요. 복음의 진원지는 유대 땅 갈릴리입니다. 예수님이 주로 거기서 활동하셨습니다. 그런데 이게 당시 로마의 속국이요, 그것도 변방입니다. 온 세상을 호령하던 로마의 지배 아래 있는 땅, 그것도 저기 한쪽 귀퉁이입니다. 그것도 소요가 자주 일어나서 골칫덩이로 통하던 음산한 촌 동네, 하필 거기서 복음이 시작되었어요. 그런 촌 동네 소인을 찍어가지고, 그 영광스러운 로마로 편지를 보내려니 바울도 주눅이 드는 거예요.

더욱이 바울이 전하는 신이 누구냐? 로마의 사형수입니다. 그것도 십자가 사형수. 사형수를 신으로 믿는다? 좀 그렇잖아요. 그중에서도 십자가형에 처한 사형수는 정말 그래요. 아무나 십자가에 달리지 않았습니다. 범죄자 중에서도 제일 파렴치범, 교화의 가능성이 전혀 없는 파렴치범을 십자가에 달았습니다. 물론 정치범도 있었습니다. 권력 다툼에서 밀려난 정치범. 여하튼 가장 파렴치하거나, 로마의 기세 아래 완전히 날개 꺾인 처량한 정치범이거나, 그런 비참한 인생이 십자가에 달렸습니다.

로마인들의 눈에 비친 예수님은 그런 인물이었습니다. 그런데 하필 그 이름을 걸고 "예수를 믿으라. 그리하면 너와 네 집이 구원을 받으리라." 이러려니 바울마저 주눅이 드는 거예요. 이런 소리가 귀에 쟁쟁한 거죠. "어디 믿을 게 없어서 사형수를 믿어? 그것도 십자가 사형수를? 차라리 내 주먹을 믿어라."

복음의 책 로마서가 우리에게 전하는 첫 번째 가르침이 이거예요. 세상 앞에서 복음이 부끄러울 수 있다! 공감이 되시는지요? 혹시 그런 때가 있으셨는지요? 복음이 부끄럽게 느껴졌을 때, 예수 믿는다는 사실이 부끄럽게 다가오는 시간이 있었는지요? 성경이 참 솔직하다는 생각이 들어요.

모든 성경이 그렇지만 로마서는 지금도 유효합니다. 지금도 상황이 크게 다르지 않아요. 현대과학시대에 종교인이 된다는 게 그리 떳떳한 선택은 아닙니다. 갈수록 더 그래요. 특히 요사이 한국사회에서 그리스도인이 된다는 것은, 그리 당당한 선택은 아닙니다. 예전에 지하철 타면 성경 보는 분들이 꽤 있었습니다. 저도 그 중 한 사람이었습니다. 그런데 요새는 거의 없어요. 부끄러움! 우리 시대 교회의 분위기를 가장 노골적으로 드러내는 단어가 아닌가 싶어요.

"내가 복음을 부끄러워하지 아니하노니." 바울의 외침은 바로 이런 상황에서 나왔습니다. 부끄러움으로 가득한 그런 시대에 나온 고백입니다. 기가 죽은 고백이라고 할 수 있어요. 그런데 바꾸어 생각하면, 이를 악문 고백이기도 합니다. 세상의 비웃음을 느끼며 이를 악물고 선포하기를 "그래도 나는 복음을 부끄러워하지 않아!" 세상의 냉소 앞에 눈 흰자위에 핏줄을 세운 채 이를 악물고 외치기를 "내가 복음을 부끄러워하지 아니하노니."

이유가 무엇인가? 로마 앞에서도 바울이 복음을 부끄러워하지 않은 이유가 무엇인가? 교회가 부끄러움이 되는 이 시대에 그럼에도 예수를 믿는 이유를 묵상하려 합니다. 복된 깨달음의 시간이 되기를 바랍니다.

1. 복음은 로마보다 강하다

첫째, 힘입니다. 바울이 로마 앞에서도 복음을 부끄러워하지 않는 이유는 복음의 힘 때문입니다. 바울의 언어로는 복음은 능력이기 때문에. "내가 복음을 부끄러워하지 아니하노니 이 복음은 모든 믿는 자에게 구원을 주시는 하나님의 능력이 됨이라."

젊은 시절 로마서를 많이 읽었습니다. 연속으로 70번을 읽은 적도 있습니다. 거의 외울 정도로 읽었는데, 읽으면서 고비가 몇 군데 있는데 처음 만난 고비가 이거였어요. 바울이 왜 하필 능력을 이야기할까? 다른 거 좋은 거 많은데, 왜 하필 힘일까? 예를 들어, 사랑, 겸손을 이야기할 수도 있잖아요. 이런 건 로마보다 교회가 낫거든요. 아니면 맷집을 말할 수도 있어요. 매를 맞고도 견뎌내는 맷집은 로마군보다 성도들이 잘했단 말이죠. 이것도 아니면 숨바꼭질. 늘 숨어서 예배 드렸으니까, 그런 건 로마보다 낫거든요. 그런데 왜 하필 힘이냔 말이죠. 그것도 로마 앞에서.

로마 하면 힘이거든요. 힘 하면 로마였잖아요. 로마가 왜 로마냐? 힘 때문입니다. 세상 그 누구도 이기지 못할 로마의 힘, 그 중심에는 세계 최강 로마군이 있었습니다. 로마군 앞에선 오직 두 가지 선택만 가능했습니다. 항복하거나, 아니면 죽거

나. 워낙 강하니까 다른 선택지가 없어요. 이런 로마 앞에서 바울이 내놓는 복음의 자랑이 하필 힘이라니 당황스러운 거죠. 그렇게 강했으면 왜 예수님이 죽냐구요? 그렇게 강하면 왜 숨어서 예배를 드리냐고요?

왜 그랬을까? 이유가 있겠죠. 믿는 구석이 있었겠죠. 바로 부활 예수입니다. 바울이 로마 앞에서도 복음을 부끄러워하지 않는 이유는 부활 예수. 부활이라 쓰고 힘이라고 읽습니다. 세계 최강 로마군의 힘을 능가하는 복음의 힘은 부활 예수! 로마가 강하다고 하지만 기껏해야 죽이는 힘입니다. 그런데 복음에는 로마가 도무지 따라올 수 없는 힘이 있는데, 죽은 사람 살려내는 힘이 있습니다. 예수 부활, 나의 부활!

로마를 향해 바울이 이렇게 외칩니다. "로마야, 네가 강하다고 하는데, 너희 힘은 결국 죽이는 힘 아니냐. 너의 강함의 증표는 결국 시체 아니냐? 그런데 너희들 하나라도 살릴 수 있어? 백 명, 천 명 죽이기는 잘하는데, 죽은 사람 살릴 수 있어? 죽이는 건 뒷골목 강도도 하는 거고, 죽이는 건 정신 나간 총기난사범도 하는 건데, 그런데 너희들 하나라도 살릴 수 있어? 진정한 능력이라면 산 사람 죽이는 게 아니라, 죽은 사람 살리는 거 아니겠어? 너에게 그런 능력 있어?"

바울의 외침은 지금도 유효합니다. 우리 시대 기술의 발달을 보면 눈이 부실 정도입니다. 바울이 로마 앞에서 느낀 주눅을 우리는 현대 과학 앞에서 느낍니다. 인간의 능력이 정말로 대단해요. 그런데 아무리 과학이 발달해도, 아무리 의술이 첨단으로 발전해도, 한계가 있어요. 로마의 한계를 넘어서질 못해요. 죽음입니다. 과학으로 조금 늦출 수 있고, 의술로 고통을 완화시킬 수는 있어도, 그 누구도 거스를 수 없는 인생의 어둔 그림자가 있으니, 죽음입니다. 로마도, 현대 과학도, 그 한계 안에 갇혀 있어요.

그런데 예수는 다릅니다. 예수는 십자가에 달려 죽으셨지만, 사흘 만에 무덤 문을 박차고 살아나셨습니다. 아무도 가보지 않은 부활 생명의 길을 여시고 선포하시길 "나는 부활이요 생명이니 나를 믿는 자는 죽어도 살리라." 바울의 외침은 지금도 유효합니다. "현대 과학 앞에서도 내가 복음을 부끄러워하지 아니하노니, 복음은 죽은 자를 살리는 하나님의 능력이 됨이라." 바울의 믿음이 저와 여러분의 믿음이기를 주님의 이름으로 축원합니다.

2. 복음은 로마보다 의롭다

이어서 두 번째, 바울이 로마 앞에서도 복음을 부끄러워하지 않은 이유 두 번째, 의로움입니다. 앞서 복음은 힘이라고, 복음은 강하다고 했는데, 또한 복음은 의롭습니다! 17절을 함께 읽습니다. “복음에는 하나님의 의가 나타나서 믿음으로 믿음에 이르게 하나니 기록된 바 오직 의인은 믿음으로 말미암아 살리라 함과 같으니라.”

같이 있기 힘든 짝이 있어요. 한 자리에 뭉치기 힘든 짝이 있는데, 물과 기름이 그렇고, 또 힘과 의로움이 그래요. 물하고 기름하고 잘 섞이지 않듯이, 힘과 의로움도 잘 섞이지 않아요. 힘이 있으면 의롭지 않고, 의로우면 또 힘이 없어요. 로마도 그랬어요. 힘은 있었지만, 의롭지는 않아요. 로마의 힘은 일종의 폭력이었습니다. 산 사람 죽이는 폭력이었습니다. 근사하게 제국이라고 불렀지만, 당하는 사람들 입장에서 보면 거대한 폭력집단이었습니다. 지금도 더러 힘 가진 사람들이 그런 경우가 있어요. 어쩌면 이게 인간의 한계입니다.

그런데 복음은 달라요. 예수는 다릅니다. 복음의 힘은 폭력이 아닙니다. 복음 안에서 힘과 의로움이 한 자리에 만납니다. 그 만나기 힘든 힘과 의로움이 복음 안에서 만납니다. 그 비밀이 십자가에 있어요. 왜 예수님이 십자가에 달리셨느냐? 그 안에 힘과 의로움이 한 자리에 앉습니다.

“그가 찔림은 우리의 허물 때문이요 그가 상함은 우리의 죄악 때문이라. 그가 징계를 받음으로 우리는 평화를 누리고 그가 채찍에 맞음으로 우리는 나음을 받았도다."(사53:5) 로마의 힘은 찌르는 힘이었어요. 칼 들고 상대를 찌르는 힘이니, 그러니 의로울 수 없죠. 그런데 예수의 힘은 달라요. 찌르는 힘이 아니라, 오히려 찔림이었습니다. 제압하는 완력이 아니라, 희생하는 힘이었습니다. 억누르는 폭력이 아니라, 대가를 치르는 힘입니다.

그래서 진정한 구원자는 예수입니다. 십자가에 달려 죽은, 그 힘없어 보이는 예수야말로 우리를 구원할 진정한 구원자입니다. 로마 황제가 준 구원은 진압이었지 의로움이 아닙니다. 힘으로 밀어버린 물리적 진압이었지, 정말 죄에서 구원하는 그런 구원은 아니었어요. 로마의 힘은 언젠가는 탈이 날 수밖에 없는 부정한 힘이었습니다. 그런데 우리 예수님은 다릅니다. 우리가 당해야 할 죄를 그분이 몸소 당하시고, 우리가 당해야 할 죽음을 그분이 몸소 겪으셨습니다. 그 희생의 터전 위에 우리를 구원해 주셨어요.

그래서 바울이 선언하기를, "내가 복음을 부끄러워하지 아니하노니." 내가 로마의 사형수 예수를 부끄러워하지 아니하노니 이 예수야말로 죄인을 구원하시는 진정한 힘, 의로운 능력이 됨이라. 아멘.

잠시 곁길로 나가서 생각해 볼 질문이 있습니다. 그런데 왜 우리는 아직도 죽는가? 주님이 우리의 죽음을 감당해 주셨는데, 왜 이 땅에는 아직도 죽음이 있는가? 많은 분들이 의문을 가지는데, 답을 드리면, 죽음은 두 가지가 있습니다. 겉보기엔 하나로 보여도 이 땅에 있는 두 가지 죽음이 있어요. 하나는 그냥 죽음이요, 다른 하나는 예수 안에서 죽음입니다.

그냥 죽음은 말 그대로 그냥 죽음이에요. 예수와 상관없이 죽는 죽음입니다. 많은 사람들이 맞이하는 공수래공수거의 죽음입니다. 인생이란 참 덧없는 거구나. 그래서 술 한 잔 해야 하는 죽음입니다. 그런데 다른 죽음이 있어요. 예수 안에서 죽는 죽음입니다. 무덤 문을 박차고 사흘 만에 부활하신 예수 안에서 죽는 죽음입니다. "나는 부활이요 생명이니 나를 믿는 자는 죽어도 살리라." 그 예수 안에서 맞이하는 죽음. 껍데기는 죽음이어도 알맹이는 부활 생명으로 가득한 새로운 죽음입니다. 성도의 죽음은 이런 죽음입니다. 그래서 요한계시록 14장 13절에 " 지금 이후로 주 안에서 죽는 자들은 복이 있도다."

그래서 바울은 로마 앞에서도 복음이 부끄럽지 않았습니다. 십자가에 달린 사형수를 신으로 고백해도, 그 사형을 집행한 로마 앞에서도 그 사형수가 부끄럽지 않았습니다. 자기 몸에 죽음을 받아냄으로써 우리에게 영원한 생명을 선물한 구원자인 줄 알기 때문입니다. 바울의 믿음이 저와 여러분의 고백이기를 주님의 이름으로 축원합니다. 아멘.

3. 복음은 로마보다 넓다

마지막 세 번째, 바울이 복음을 부끄러워하지 않는 이유가 무엇인가? 복음의 개방성입니다. 복음은 모든 사람에게 열려 있어요. 바울이 선포한 예수 복음은 "모든 믿는 자에게 구원을 주시는" 능력입니다. 복음이 진정으로 복된 소식이 되는 중요한 이유가 여기에 있어요. 모두를 향해 열린 구원입니다.

로마의 힘이 강했지만 모두를 위한 힘은 아니었어요. 오직 로마 시민을 위한 폐쇄적인 힘이었습니다. 로마의 힘이 누군가에게는 영광이었을지 몰라도, 수많은 다른 사람에겐 치욕과 패배였어요. 로마의 힘이 강성하면 로마 시민들은 득을 보지만, 다른 사람들은 죽어나는 거예요.

그런데 복음은 달라요. 복음은 모든 사람에게 열려 있어요. 믿음으로 나오는 모든 사람에게 열려 있습니다. 피부색도 상관없고, 신분이나 빈부의 차이도 없어요. 로마인도 좋고, 로마의 속국 백성, 심지어 노예도 좋아요. 그래서 바울이 선언하기를, 로마 앞에서도 내가 복음을 부끄러워하지 아니하노니, 복음은 로마보다 넓기 때문이라. 믿음으로 나오는 모든 사람을 구원할 만큼 복음은 넓고도 광대합니다.

우리 시대도 마찬가지, 현대 과학에도 폐쇄적인 면이 있어요. 기술이 발달해도 그 기술이 모두에게 혜택을 주지 못해요. 너무 비싸요. 지불 가능한 사람에게만 혜택이 돌아갑니다. 심지어 의술도 그래요. 돈이 없어서 제대로 치료를 받지 못하는 안타까운 경우도 있습니다. 의사가 나빠서도 아니고, 의료 시스템에 비정해서 그런 것도 아닙니다. 어쩔 수 없는 인간 세계의 한계라고 할 수 있습니다.

그런데 복음은 달라요. "내가 복음을 부끄러워하지 아니하노니 이 복음은 모든 믿는 자에게 구원을 주시는 하나님의 능력이 됨이라." 현대 과학은 사람을 가려도, 복음은 사람을 가리지 않아요. 값비싼 의술은 나를 비켜갈지 몰라도, 예수 복음은 나를 절대 비켜가지 않아요. 복음은 믿음으로 나오는 모든 자들에게 열려 있습니다. 예수 복음은 빈 손 들고 주님 앞에 나오는 모든 사람을 구원으로 인도합니다. 그래서 바울은 로마 앞에서도 복음을 부끄러워하지 않았습니다.

결론 : 복음을 사모하라

말씀 정리합니다. 오늘 우리에게 주신 말씀은 "내가 복음을 부끄러워하지 아니하노니." 복음으로 들어오는 첫 관문은 어색하지만, 부끄러움입니다. 복음이 부끄러울 수 있어요. 그런데 실상을 알면, 내가 복음을 부끄러워하지 아니하노니. 복음은 진정한 힘이요, 또한 탈나지 않는 의로운 힘이요, 심지어 복음은 모든 사람에게 열린 힘입니다. 나 같이 부족한 사람도 구원할 수 있는 진정한 구원의 힘입니다. 예수 복음, 나의 복음! 복음을 사랑하고 복음을 자랑스러워하는 진실한 성도들 되시기를 주님의 이름으로 축원합니다. 아멘.

복음 VI
인류 약사略史
(롬 1:18-32)

서론 · 성경이 바라본 역사

오늘의 말씀은 인류 약사입니다. '요약된 역사'라는 의미의 약사인데, 말씀을 통해 인류가 걸어온 길을 간략하게 살펴보려 합니다.

역사를 바라보는 관점은 다양합니다. 인류가 사용한 도구를 중심으로 석기시대, 청동기, 철기 시대로 구분하기도 하고, 정치 제도나 경제 형태를 중심으로 고대 노예제, 중세 봉건 시대, 근대 자본주의로 구분하기도 합니다. 왕조의 변화를 중심으로 삼국 시대, 통일 신라, 고려와 조선 시대로 구분하기도 합니다. 같은 역사지만 관점에 따라서 다양하게 기록합니다.

그렇다면 성경은 역사를 어떻게 바라보는가? 오늘 본문이 바로 그 내용입니다. 성경이 바라본 인류의 역사입니다. 굉장히 짧죠. 역사책은 보통 두꺼운데, 성경이 기록한 역사는 이렇게 짧아요. 맥을 짚었기 때문입니다. 핵심적인 맥을 기록한 역사입니다. 많이 기록한다고 좋은 건 아니에요. 짤막해도 맥을 잡아준다면 그게 진정한 역사라고 할 수 있습니다.

크게 세 국면으로 나눌 수 있는데요, 오늘 설교의 구성이기도 합니다. 첫째는 외면의 역사요, 둘째는 왜곡의 역사요, 셋째는 파멸의 역사입니다. 성경이 바라본 인류 역사의 골격입니다. 외면의 역사, 왜곡의 역사, 그리고 파멸의 역사. 어둡죠? 성경이 바라본 역사는 어두워요. 이 땅에 환희도 있었고, 영웅호걸도 등장했지만, 성경이 바라본 이 땅의 역사는 참 어두웠습니다.

오늘은 공부한다는 느낌으로 말씀을 들으시면 좋겠어요. 성경적인 역사관, 성경이 바라본 인류의 역사를 마음에 새기는 시간이 되기를 바랍니다.

1. 외면의 역사

첫째, 외면의 역사입니다. 인류가 걸어온 길을 살펴보니 성경의 눈에 들어온 첫 국면, 혹은 첫 번째 역사적인 사건은 외면이었습니다. 18-21절의 내용인데, 대표로 20절을 같이 읽습니다. “창세로부터 그의 보이지 아니하는 것들 곧 그의 영원하신 능력과 신성이 그가 만드신 만물에 분명히 보여 알려졌나니 그러므로 그들이 핑계하지 못할지니라.”

“창세로부터.” 인류 역사의 시작, 혹은 그 이전으로 거슬러 올라갑니다. 그때 어떤 일이 벌어졌느냐? “그의 보이지 아니하는 것들”이라는 문구가 나옵니다. 여기서 “그”가 누구일까요? 하나님입니다, 창조주 하나님. “그분의 보이지 아니하는 것들 곧 그분의 영원하신 능력과 신성이 그가 만드신 만물에 분명히 보여 알려졌나니.” 만물을 보면 하나님의 능력이 보였다는 거예요. 자연을 보면 그분의 신성이 눈에 들어왔다는 거예요. 처음에는 그랬다는 거예요. 이해할 수 있는 것이, 그분이 만드신 거니까 그분이 손길이 보이고 그분의 존재가 보인 거죠.

그런데 어떻게 되었느냐? 21절 “하나님을 알되 하나님을 영화롭게도 아니하며, 감사하지도 아니하고.” 하나님이 보이는데 영광을 돌리지 않았다는 거예요. 그분의 신성과 능력이 보이는데 어떻게 했다고요? 감사하지 않았다는 거예요. 다른 말로, 외면하였다는 말입니다. 사람이 하나님을 외면하였다. 그래서 붙인 이름이 외면의 역사입니다.

역사는 의미 있는 사건을 기록합니다. 일어난 일이라고 다 기록하지 않아요. 제가 교회에 부임하고 처음 출근하던 날, 새벽기도 마치고 집에 가는데 40분이 걸렸어요. 무려 40분. 지금은 7-8분 걸리는데, 그날은 40분이나 걸렸어요. 완전히 헤맨 거죠. 제가 원래 길치가 좀 있어요. 초행길은 대체로 헤매는 경우가 많아요. 그런데 이거 나중에 역사책에 나올까요, 안 나올까요? 안 나와요. 왜냐하면 의미가 없거든요. 중요하지 않아요.

역사는 중요한 사건을 기록합니다. 그래서 역사를 기록하려면 먼저 선택의 과정을 거칩니다. 무엇이 중요한지를 따져요. 이 땅에서 벌어진 수많은 사건 가운데 우리 민족과 인류에게 큰 영향을 미칠 중요한 사건이 뭔지를 따지는 거예요. 그래서 3.1 운동을 기록하고, 그래서 8.15 광복을 기록합니다. 중요하니까.

성경도 그래요. 아무 사건이나 기록하지 않아요. 선택을 합니다. 특히 이렇게 짧게 기록할 때는 더더욱 그래요. 우리에게, 온 인류에게 두고두고 중요한 사건이 뭔지를 따집니다. 그래서 고른 사건이 외면입니다. 사람이 하나님을 외면한 사건에 주목합니다. 고려가 망하고 조선이 들어선 것도 중요하지만, 성경은 이게 중요하다고 본 거죠. 콜럼버스가 아메리카 대륙을 발견한 것도 중요하지만, 성경은 사람이 하나님을 외면한 사건을 기록합니다. 이게 더 중요하기 때문입니다.

왜 중요하냐? 이것이 인류의 삶에 엄청난 변화를 몰고 옵니다. "하나님을 알되 하나님을 영화롭게도 아니하며 감사하지도 아니하고." 뒷부분을 같이 읽습니다. "오히려 그 생각이 허망하여지며 미련한 마음이 어두워졌나니." 사람이 하나님을 외면했는데, 그 결과로 사람의 눈이 어두워졌다는 거예요. 자연 속에 보이는 하나님을 외면했는데, 그것 때문에 사람의 눈이 어두워져 버렸어요. 그래서 이제는 하나님이 안 보여요. 보려고 해도 안 보여요. 그래서 인류에게 새로운 시대가 열렸는데, 하나님이 보이지 않는 시대입니다.

많은 사람들이 이렇게 이야기해요. "하나님을 보여다오. 내 눈에 보여주면 믿겠다." 우리도 가끔 그런 생각이 들죠. '하나님이 눈에 보이면 얼마나 좋을까.' 왜 안 보이느냐? 혹시 하나님이 안 계셔서 그런 게 아닐까? 사람들은 그렇게 생각해요. 그런데 성경이 말하길, 외면의 결과입니다. 처음에는 보였어요. 너무 잘 보였어요. 하늘의 태양보다 하나님이 더 실체적으로 보였어요. 밤에 별 빛보다 하나님의 위대함이 더 선명하게 보였어요. 그런데 인류가 외면한 거예요. 외면하고, 또 외면하고, 그러다보니 이젠 보려고 해도 안 보여요.

눈이란 게 참 묘해요. 눈앞에 있다고 다 보이는 게 아니에요. 투명인간이라고 있잖아요. 미래 영화에 나오는 특수 인간 말고, 사회적인 용어로 투명인간이 있습니다. 사람들이 눈길을 안 주는 거죠. 왕따, 무시, 그래서 투명인간 취급을 받기도 합니다. 처음부터 안 보인 건 아니에요. 처음에는 그냥 무시한 거죠. 있어도 없는 듯 무시한 거예요. 그런데 나중에는 어떻게 되느냐? 정말로 안 보여요. 눈앞에 있는데 안 보여요. 그러면 정말 큰 상처를 받죠.

그런데 성경이 말하길, 사람만 그런 게 아니에요. 인류가 하나님을 그렇게 대한 거예요. 이른바, '투명 하나님' 취급을 한 거예요. 그러다가 이제는 하나님이 안 보여요. 하나님을 보는 시력을 상실한 거예요.

이것이 바로 성경이 바라본 인류 역사의 첫 번째 굽이입니다. 사람이 하나님을 외면하였다. 일반 역사에는 나오지 않지만, 성경의 눈에는 그 어떤 사건보다 엄청난 사건입니다. 인류의 삶에 거대한 영향을 미친 거대한 사건이 있었으니, 외면의 역사입니다. 마음에 새겨두시기 바랍니다.

2. 왜곡과 상실의 역사

두 번째, 성경이 바라본 역사의 두 번째 굽이는 왜곡입니다. 이름하여, 왜곡의 역사입니다. 22-27절 내용인데, 두 가지 왜곡을 이야기합니다. 하나님 왜곡, 그리고 인간 왜곡입니다. 혹은 상실이라고 해도 좋아요. 하나님 상실, 그리고 인간 상실의 역사입니다.

먼저 하나님 왜곡을 살펴보면, 23절 같이 읽습니다. "썩어지지 아니하는 하나님의 영광을 썩어질 사람과 새와 짐승과 기어다니는 동물 모양의 우상으로 바꾸었느니라." 우상 숭배이야기입니다. 우상 숭배가 뭐냐? 하나님 왜곡입니다. 하나님을 외면한 결과로 나타나는 하나님 왜곡 현상입니다.

여기서 우상은 이 땅 모든 종교를 포괄하는 개념으로 보시면 됩니다. 이 땅에는 많은 종교들이 있고, 종교 현상이 있습니다. 이게 어디서 왔을까? 인류학자들은 사람의 본성 가운데 예배 본성을 이야기합니다. 종교심이라고 불러도 좋습니다. 세상 어디를 가든 종교가 있어요. 아프리카 오지에도 있고, 뉴욕 맨해튼에도 있어요. 어디나 종교가 있어요. 저급한 무당 형태도 있고, 세련된 문화적 종교도 있어요. 여하튼 어디를 가든, 어느 민족이든 종교 현상이 있어요. 종교심의 정체는 무엇일까? 어디서 온 것일까?

어떤 분들은 잠시 지나가는 현상으로 생각합니다. 오귀스트 콩트라는 분이 200년 전에 예견하길 "과학이 발전하면 종교는 소멸될 것이다." 많은 분들이 고개를 끄덕였어요. '그래, 이성이 발달하고 과학이 발전하면 종교나 미신은 사라질 거야.' 그런데 보다시피 그렇지가 않아요. 과학이 아무리 발달해도 이성이 아무리 발달해도 종교는 건재합니다. 심지어 앨빈 토플러는 이렇게 말했어요. "21세기 최대 산업은 종교다." 종교가 그만큼 건재하다는 거예요.

왜 이럴까? 도대체 종교란 무엇일까? 성경은 잃어버린 상처로 봅니다. 혹은 상실한 빈자리로 봅니다. 우리 마음 한가운데 하나님이 머무시는 자리가 있다는 거예요. 내 존재의 근원이신 창조주를 모신 자리입니다. 그런데 인류가 그분을 외면한 거예요. 밀어낸 겁니다. 거기서 방황이 시작되는데, 하나님을 밀어낸 빈자리를 채우려는 본성이 발동합니다. 그런데 엉뚱한 걸로 채우려 합니다. 하나님 대신 짐승의 형상으로 채우고, 새의 형상으로 채우고, 문화가 발달하면서 종교로 채웁니다.

사람에게 나타나는 종교심은 하나님을 상실한 허전함을 채우려는 인류의 몸부림입니다. 25절도 그 이야기입니다. "이는 그들이 하나님의 진리를 거짓 것으로 바꾸어 피조물을 조물주보다 더 경배하고 섬김이라 주는 곧 영원히 찬송할 이시로다 아멘." 요컨대, 하나님을 외면한 인간에게서 하나님 왜곡 현상이 나타났는데, 그게 바로 우상 숭배와 종교입니다.

이제 두 번째 왜곡이 일어나는데, 인간 왜곡입니다. 24절을 함께 읽습니다. "그러므로 하나님께서 그들을 마음의 정욕대로 더러움에 내버려 두사 그들의 몸을 서로 욕되게 하게 하셨으니.” 무슨 이야기죠? 음행입니다. 참 묘한 흐름이 나오는데, 23절도 우상숭배 이야기이고, 25절도 우상숭배 이야기입니다. 그런데 그 사이에 낀 24절은 전혀 다른 음행 이야기를 합니다. 묘하죠. 한참 우상 숭배 이야기하다가 왜 갑자기 음행이냐? 답인즉, 뿌리가 같기 때문입니다. 우상 숭배와 음행의 뿌리가 같다는 겁니다. 하나님 상실입니다.

앞서 인류가 하나님을 외면하였고, 그 결과로 왜곡 현상이 일어난다고 했습니다. 그런데 왜곡이 하나가 아니라 둘이예요. 하나는 하나님 왜곡이요, 다른 하나는 인간 왜곡인데, 대표적으로 음행입니다. 우상 숭배가 하나님 왜곡이라면, 음행은 인간 왜곡입니다.

성경은 음행을 매우 중대하게 봅니다. 일종의 역사적 사건입니다. 세상은 음행을 그렇게 중대하게 생각하지 않아요. 인생이 즐길 수도 있는 거지. 가볍게 생각해요. 그런데 성경은 음행을 단순하게 보지 않아요. 단지 쾌락이나 도덕적 이슈로 보지 않아요. 인간 왜곡의 결과요, 심지어 인간 상실의 결과로 봅니다. 단지 사람과 사람 사이의 일이 아니라, 하나님을 잃어버린 결과로 봅니다. 하나님을 상실한데서 나타나는 인간 왜곡 혹은 자기 상실의 결과입니다.

그리고 눈여겨 볼 대목이 26-27절입니다. 26절에 “이 때문에 하나님께서 그들을 부끄러운 욕심에 내버려 두셨으니 곧 그들의 여자들도 순리대로 쓸 것을 바꾸어 역리로 쓰며." 무슨 내용이죠? 동성애입니다. 27절 같이 읽습니다. "그와 같이 남자들도 순리대로 여자 쓰기를 버리고 서로 향하여 음욕이 불 일 듯하매 남자가 남자와 더불어 부끄러운 일을 행하여 그들의 그릇됨에 상당한 보응을 그들 자신이 받았느니라."

근자에 우리 사회에 동성애 이슈가 뜨겁습니다. 굉장히 뜨겁죠. 성경적인 입장을 묻는 분들이 있어요. 말씀드립니다. 동성애는 인간 왜곡입니다. 동성애는 하나님이 우리에게 주신 존귀한 하나님의 형상, 그 거룩한 형상의 왜곡입니다. 죄라는 말보다 더 근본적인 언어를 사용할 수 있습니다. 동성애는 인간 왜곡입니다. 혹자는 동성애를 두고 성적 취향이니, 성의 다양성, 심지어 개인의 자유라고 이야기하지만, 성경은 그렇지 않아요. 동성애는 하나님을 외면한 인류에게 나타난 인간 왜곡입니다. 개인의 문제이기도 하지만 인류 전체에 드리운 어둠입니다. 하나님이 만드신 창조 질서를 정면으로 거부하는 왜곡입니다.

성경은 동성애를 굉장히 중대한 사안으로 봅니다. 오늘 본문을 인류 약사라고 했습니다. 요약된 역사, 짧은 역사입니다. 간략하게 기록한 역사입니다. 그런데 이 짧은 역사에 성경은 동성애를 언급합니다. 우상 숭배와 함께 동성애에 지면을 할애합니다. 그만큼 중대하게 본다는 겁니다. 하나님의 창조 질서를 정면으로 위배하는 왜곡으로 바라봅니다.

많은 분들이 우려하는데, 그럴 만합니다. 중대한 사안입니다. 이 안타까운 현실이 우리 사회에서 사라지기를 바랍니다. 어떻게 대응해야 할 것인가? 이 말씀만 드립니다. 지혜가 필요합니다. 성경 진리에 대한 확고한 신념과 더불어 냉철한 지혜가 필요해요. 우리만 사는 세상이 아니고, 워낙 다양한 사람들이 이 땅에 살아요. 뜨거운 확신에 더하여 냉철한 지혜, 그게 필요해요. 기도를 많이 해주시기 바랍니다.

3. 파멸의 역사

계속 갑니다. 성경이 바라본 인류의 역사, 세 번째는 파멸의 역사입니다. 29절에 "곧 모든 불의, 추악, 탐욕, 악의… 시기, 살인, 분쟁, 사기, 악독…" 온갖 죄악이 다 나와요. 하나님을 상실하고, 인간 자체도 왜곡되고, 그 틈새로 온갖 악들이 마구 쏟아져요. 그래서 결론이 32절 같이 읽습니다. "그들이 이같은 일을 행하는 자는 사형에 해당한다고 하나님께서 정하심을 알고도 자기들만 행할 뿐 아니라 또한 그런 일을 행하는 자들을 옳다 하느니라."

파멸의 역사인데, 성경이 바라본 인류 역사의 모습입니다.

하나님 외면에서 시작된 인류의 질곡이 하나님 왜곡과 인간 왜곡을 거쳐, 결국 온갖 죄악으로 뒤덮여 파멸로 치닫는 역사입니다. 인류의 걸음에 화려함도 있었고, 찬란한 문화와 위대한 기술도 있었지만, 성경이 바라본 인류 역사는 결국 외면과 왜곡, 그래서 파멸의 역사였습니다. 사랑도 있었고, 환희도 있었고, 역경을 극복하는 가슴 벅찬 순간도 있었지만, 결국 외면의 역사, 왜곡과 상실, 그래서 결국 파멸의 역사였습니다.

바깥사람들은 이러한 역사관을 받아들이지 않을 가능성이 큽니다. 그런데 진리의 말씀, 성경이 바라본 역사는 그래요. 어두워요. 성도로서 이 아픈 진리를 마음에 품고 살아가기를 바랍니다.

4. 예수가 필요한 역사

이제 다 왔는데, 그래서 결론이 뭐냐? 인류의 역사가 그렇게 어두우니 포기하라는 의미냐? 그렇지 않습니다. 성경이 바라본 인류 역사의 마지막 굽이가 있으니, 예수가 필요한 역사입니다. 누가 필요해요? 예수님이 필요한 역사입니다. 인류의 역사가 이렇게 어두운데, 그걸로 끝이냐, 하면 그렇지가 않아요. 이 어둠을 걷어낼 방법이 있어요. 예수 그리스도입니다. 인류가 하나님을 외면하고 그래서 그분을 잃어버렸고, 그로 인해 인간 자체에도 뼈아픈 왜곡이 일어났는데, 그걸로 끝이냐, 하면 아니라는 거예요. 이 어두운 역사를 되돌려 놓을 수 있는 열쇠가 되는 분이 오셨으니, 예수 그리스도십니다.

그래서 로마서는 예수 이야기를 합니다. 로마서도 그렇고, 성경 전체가 예수 이야기입니다. 첫 장 펼치는 순간부터 마지막 장 닫는 순간까지 예수 그리스도를 이야기합니다. 제가 40분이나 길을 헤맨 일은 기록을 안 해도, 예수의 탄생을 기록하고, 예수의 십자가, 예수의 부활을 기록합니다. 예수 이야기에 필력을 집중합니다. 왜냐하면, 그분이 이 어두운 역사의 흐름을 되돌려놓을 수 있는 열쇠가 되기 때문입니다. 그분이 역사의 변곡점이 되기 때문입니다. 제가 오늘 아는 단어 다 쓰고 싶어요. 이분한테는 그 어떤 단어도 아깝지 않아요.

인류 역사에 거대한 변곡점이 둘 있었어요. 사람이 하나님을 외면한 일이 그러합니다. 성경이 그걸 기록해요. 어두운 변곡점이죠. 그런데 더욱 강렬한 필치로 예수의 탄생과 죽음, 부활을 기록합니다. 왜냐하면, 이 어두운 인류 역사의 흐름을 되돌려 놓을 진짜 변곡점이 되기 때문입니다. 그 어떤 왕조도 인류의 어둠을 걷어내진 못했어요. 그 어떤 기술 발전도 인류의 어둠을 걷어내진 못했어요. 그런데 예수 그리스도의 십자가가 그 일을 해냅니다.

우리가 잃어버린 것이 그냥 돈이라면 찍어내면 되겠죠. 우리가 잃어버린 것이 저처럼 길을 잃은 것이라면, 내비게이션 달아주면 돼요. 그런데 우리가 잃어버린 것은 하나님입니다. 우리 존재의 근원이신 하나님을 외면함으로써 그분을 잃어버림을 넘어 우리의 존귀함까지 상실하였습니다. 하나님 왜곡과 인간 왜곡의 역사입니다. 문제가 깊어요. 그래서 해결하려면 덩치가 큰 분이 오셔야 해요. 그리고 덩치가 큰 일을 해주셔야 합니다. 덩치 큰 분이 오셨고, 거대한 일을 해주셨습니다. 예수 그리스도께서 오셨고, 그분이 십자가와 부활의 역사를 일으켜 주셨습니다. 이것이 어둠으로 치닫던 인류 역사에 희망의 변곡점이 되었어요.

한때 'history'라는 영어 단어를 갖고 언어유희가 유행했어요. history를 둘로 쪼개서 His + Story, 그분의 이야기로 구분하고는, 여기서 그분은 예수님이라고 이야기했습니다. 사실 어원적으로는 전혀 근거가 없어요. 그런데 진실이라고 말씀드리고 싶습니다. 성경이 바라본 역사는 그러합니다. 예수야말로 인류의 역사입니다. 그분이야말로, 어둠으로 치닫던 인류 역사에 새로운 변곡점입니다.

결론 · 오직 예수!

역사를 잊은 민족에게 미래는 없다! 많은 분들이 공감하고 마음에 새기는 문구입니다. 일반 역사도 그러하지만, 성경의 역사는 더욱 그러합니다. 성도로서 성경적 역사관을 마음에 새겨야 합니다. 외면의 역사, 왜곡과 상실의 역사, 그래서 파멸의 역사입니다. 성경이 바라본 인류의 역사는 참 어두웠습니다. 그렇지만 예수의 역사가 있습니다. 어둡고 어두운 역사지만, 예수 안에서 희망을 발견합니다. 분명한 성경적인 역사관을 마음에 품고 살아가는 성도들 되시기를 주님의 이름으로 축원합니다. 아멘.

복음 VII
내버려 두시는 하나님
(롬 1:24-28)

서론 · 내버려 둠

오늘의 말씀은 "내버려 두시는 하나님"입니다. 하나님의 이름 치곤 생경할 겁니다. 함께하시는 하나님, 동행하시는 하나님, 이런 이름은 익숙한데, 내버려 두시는 하나님은 흔히 듣는 이름이 아닙니다. 제가 임의로 지은 이름은 아니고, 오늘 본문이 소개하는 하나님입니다.

오늘 설교 본문은 지난주 그대로입니다. 다만 지난주에 의도적으로 지나쳤던 문구가 있는데, 거기에 집중하려 합니다. "내버려 두사." 24절, 26절, 28절까지 반복해서 나오는 문구입니다. 먼저 24절에 "그러므로 하나님께서 그들을 마음의 정욕대로 더러움에 내버려 두사 그들의 몸을 서로 욕되게 하게 하셨으니." 주께서 사람들을 더러움에 내버려 두셨다고 말합니다. 26절에도 "이 때문에 하나님께서 그들을 부끄러운 욕심에 내버려 두셨으니." 그리고 28절에도 "또한 그들이 마음에 하나님 두기를 싫어하매 하나님께서 그들을 그 상실한 마음대로 내버려 두사 합당하지 못한 일을 하게 하셨으니."

내버려 두사. 로마서가 인류 역사를 기록하는데, 그 골격에 등장하는 문구입니다. 인류의 역사가 어둔 방향으로 한 걸음씩 진행할 때마다 후렴구처럼 등장합니다. 내버려 두사. 이걸 하나님의 이름으로 바꾸면, 내버려 두시는 하나님이 됩니다. 이름이 좀 차갑죠. 무책임한 거 같기도 합니다. 우리 하나님이 정말 그런 분이실까요? 예, 그런 분입니다. 오늘 성경이 그렇게 소개합니다. 우리 하나님은 내버려 두시는 하나님입니다.

그런데 진실을 말하면, 포장만 그렇지 그 안에 따뜻함이 있습니다. 껍데기는 냉정해도 그 안에 우리를 향한 하나님의 따뜻함이 담긴 이름이 내버려 두시는 하나님입니다. 묵상하실 때 한 걸음 더 하나님을 깊이 알아가는 시간이 되기를 바랍니다.

1. 우리를 존중하시는 하나님

내버려 두시는 하나님, 이 이름에 담긴 의미가 뭐냐? 이겁니다, 우리를 존중하시는 하나님입니다. 어떤 하나님? 우리를 존중하시는 하나님. 하나님이 우리를 왜 내버려 두시느냐? 마음이 차가워서 그런 게 아니에요. 우리를 하찮게 여겨서 그런 것도 아닙니다. 이유인즉, 우리를 존중하시기 때문입니다. 우리의 생각을 존중하시고, 우리의 판단을 존중하시는 하나님.

많은 분들의 소원이 그거잖아요. 나도 존중 받고 싶다. 내 이야기를 좀 들어주면 좋겠다. 내 생각을 무시하지 않으면 좋겠다. 인격적인 대우라고 하죠. 다들 그런 대접을 받고 싶어 합니다. 사회가 잘 그렇게 안 해주니까. 남편이 그렇게 잘 안 해주고, 아내가 그렇게 안 해주고, 또 자식들한테 물으면 부모들이 그렇대요. 자기 생각을 존중해 주지 않는다고, 그래서 속상하대요.

그런데 하나님은 그렇지가 않아요. 우리를 존중하십니다. 하나님은 우리의 판단을 존중해 주십니다. 심지어 우리의 생각이 잘못되었을 때에도, 그때도 주님은 우리를 존중해 주십니다. 탕자의 비유에 하나님의 마음이 잘 드러납니다. 누가복음 15장에 유명한 탕자의 비유가 나옵니다. 예수님이 들려주신 이야기인데, 어느 마을에 아버지와 두 아들이 살고 있었어요. 그 중에 둘째 아들이 아주 몹쓸 아들이에요. 어느 날 둘째가 아버지한테 "아버지, 저 유산 주세요." 갑자기 유산이라니? 하는 말이 "나중에 아버지 죽고 나면 저한테 올 유산 있잖아요, 그거 지금

주세요. 미리 좀 당겨서 쓰게요, 어차피 내 건데."

이 아들을 어떻게 해야 할까요? 그냥 두면 안 되죠. 일단 한 대 쥐어박아야겠죠. "야, 이놈아, 맡겨놨어? 너는 내가 죽어도 국물도 없어!" 너무 못됐잖아요. 아버지더러 빨리 죽으란 소리잖아요. 멀쩡히 아버지가 살아계신데, 유산을 나눠달라니, 너무 버릇이 없어요. 이런 아들을 그냥 두면 안 되잖아요. 그런데 이야기 속 아버지는 어떻게 하느냐? 아들의 말을 들어줍니다. "아들아, 네가 그렇게 생각했느냐? 그러면 그렇게 해라."

실제로 이런 아버지가 있을까요? 아들이 유산 달라면 두 말않고 내어주는 아버지? 쉽지 않을 거예요. 그런데 예수님은 왜 이야기를 그런 식으로 만드셨어요. 이유가 뭘까요? 왜 이런 이야기를 들려주실까요? 이유인즉, 그게 바로 우리를 향한 하나님의 마음이기 때문입니다. 우리를 존중해 주시는 하나님. 우리의 판단을 존중해 주시는 하나님. 설령 그게 잘못된 판단일지라도, 우리를 존중해 주시는 하나님.

살면서 그런 생각이 들 때도 있죠. 하나님은 왜 가만히 계실까? 세상이 이렇게 엉망으로 돌아가는데, 도대체 하나님은 왜 가만히 계시는 걸까? 성경을 읽다가도 그럴 때가 있어요. 대표적으로 아담과 하와가 타락할 때 그때 하나님은 왜 가만히 계셨을까? 선악과를 따먹지 말라 명령만 할 게 아니라, 못 따먹

게 막아주셨어야지, 왜 그냥 보고만 계셨을까? 성경이 대답하기를, 우리를 존중하시기 때문입니다. 우리를 인격적으로 존중하시는 거예요. 사랑이 부족하거나 관심이 부족해서가 아니에요. 막을 능력이 없어서도 아닙니다. 비록 잘못된 선택이라도, 우리가 선택한 길이라면 "그래? 네가 그렇게 생각했느냐? 그러면 그렇게 하거라." 그래서 그분의 이름이 내버려 두시는 하나님입니다. 이름이 좀 따뜻하게 느껴지나요? 그렇습니다.

그런데 기억할 것은, 그렇다고 해서 하나님이 우리를 그냥 방치하시느냐, 하면 그렇지는 않아요. 우리를 그냥 내팽개치시는 분이시냐, 하면 결코 그렇지는 않아요. 오히려 우리에게 늘 다가오십니다. 우리의 마음을 늘 두드리세요. 우리가 어긋난 길로 갈 때 누구보다 안타까워하시고, 또 우리에게 늘 다가오십니다. 다만 그때도 선을 지키십니다. 결정은 항상 우리가 하도록 맡기세요. 이것이 우리를 대하시는 하나님의 방식입니다.

구약시대만 해도 선지자를 보내고, 모세를 보내십니다. 백성이 죄를 범할 땐 경고도 하시고, 징계도 내리십니다. 백성의 삶을 변화시키기 위해 분주하게 움직이십니다. 그렇지만 최종 결정은 우리 자신이 하기를 원하세요. 신약에 들어와서 하나님은 예수님을 보내셨어요. 진리를 선포하셨고, 보듬어 주셨고, 급기야는 십자가로 보내셨어요. 우리를 위해 외아들 목숨을 내놓으셨어요. 엄청나게 다가오신 거예요. 그런데 이때도 최종 결정은 우리가 하기를 바라세요.

유명한 그림이 있어요. 예수님이 문 밖에 서서 노크 하는 그림 있잖아요. 예전 달력에 많이 나왔었는데, 요한계시록 3장 20절에 근거한 그림입니다. "볼지어다 내가 문 밖에 서서 두드리노니 누구든지 내 음성을 듣고 문을 열면 내가 그에게로 들어가 그와 더불어 먹고 그는 나와 더불어 먹으리라." 우리의 마음문을 두드리시는 하나님. 그거 보면서 드는 생각이, 왜 두드리고만 있을까? 아예 부수고 들어오지. 우리가 어긋난 길로 가면 부수고 들어와서라도 옳은 데로 이끌어 주셔야지, 그래야 주님이시지, 왜 두드리고만 있을까? 목사가 별 생각을 다하죠. 도대체 하나님은 왜 그러실까요? 우리를 존중하시는 하나님. 최종 결정은 우리에게 맡기시는 하나님.

성도 여러분, 이분이 바로 우리가 믿는 하나님입니다. 우주를 만드시고, 우리 인생을 지으시고, 지금도 온 세상과 우리를 다스리시는 우리 하나님. 우리 삶에 가장 큰 자리를 차지하시는 분이신데, 그분의 성품이 이렇습니다. 선을 넘지 않으시는 하나님. 우리의 판단을 존중하시는 하나님. 때로 무섭도록 우리를 존중해 주시는 하나님. 무섭도록! 정말 그렇죠. 무섭도록 우리를 존중하시는 하나님.

여기까지 하고, 그렇다면 우리는 어떻게 살 것인가? 이분이 다스리는 세상을 살면서 나는 어떻게 살아야 할까? 오늘은 기도 제목 두 가지를 정리하는 걸로 말씀을 채우려 합니다. 삶의 구체적인 실천을 정리하는 것도 좋지만, 오늘 말씀은 삶의 태도에 관한 문제이기에 기도 제목으로 정리하려 합니다.

2. 감사의 기도 - 나를 인격으로 대해 주셔서 감사합니다.

먼저, 감사의 기도입니다. 감사의 기도를 주님께 드릴 필요가 있어요. "주님, 나를 인격으로 대해 주셔서 감사합니다. 나를 인격으로 존중해 주셔서 감사합니다." 많은 감사의 제목이 있지만, 이걸 포함시키기를 바랍니다. "주님, 나를 존중해 주셔서 감사합니다."

고맙잖아요. 피조물인 우리를 그냥 강압적으로 휘어잡을 수도 있는데, 존중해 주시잖아요. 우리 마음 문을 그냥 부수고 들어올 수도 있는데, 문 밖에서 두드리시는 하나님. 우리의 판단을 존중해 주시는 하나님. 너무 고맙잖아요.

이단들은 강압적인 경우가 많아요. 행동 수칙을 딱 정해서 이렇게 하시오, 저렇게 하시오. 복장 규정을 정하기도 해요. 교회 올 때는 흰 와이셔츠에 넥타이, 여성들은 무릎 아래 10센티 치마. 심지어 강제로 이사도 시키고, 피지로 이사가! 재산도 다

바치게 하고, 거기다가 막 때리고. 이단들 치고 성경 안 가르치는 데가 없어요. 열심히 가르쳐요. 그런데 하는 행동을 보면 성경의 향취와 달라요. 하나님의 방식이 아닙니다. 하나님은 인격을 존중합니다. 그런데 묘한 것은 사람들이 그런 걸 은근히 좋아해요. 강압하고 강제하고, 이런 걸 은근히 좋아하는 경향이 있어요. 미숙해서 그래요. 미숙한 인간은 지배 받기를 좋아해요. 은근히 나를 강압해 주기를 바라요.

우리 하나님은 그런 분이 아닙니다. 우리를 존중하시는 하나님. 하나님이 우리에게 바라시는 것은 성숙한 인격이 되는 겁니다. 그분은 우리를 로봇으로 만들지 않으셨어요. 인격체로 만드셨고, 그렇게 되기를 바라십니다. 그래서 우리를 존중해 주십니다. 인격으로 대하십니다. 그런 의미에서 많은 감사의 제목 중에 이거 하나 추가하기를 바랍니다. "하나님, 나를 인격으로 대해 주셔서 감사합니다." 다음 주에 감사 제목을 눈여겨 보겠습니다. 몇 개나 나오는지. 이러면 또 너무 강압적인가요? 최종 결정은 누가? 여러분이 하세요.

그리고 이 말씀 드리고 싶어요. 사랑하는 성도 여러분, 우리도 서로를 인격적으로 존중하기를 바랍니다. 함부로 무시하거나, 강압하지 말고, 서로를 인격적으로 대하길 바랍니다. 그게 하나님의 향취이고, 그게 진정 하나님을 아버지로 둔 자녀들의 모습입니다. 서로를 대할 때 인격적으로 하세요.

자녀를 대할 때도 성경이 제일 먼저 요구하는 게 이겁니다. 에베소서 6장 4절에 "또 아비들아 너희 자녀를 노엽게 하지 말고." 성경이 묘해요. 부모를 노엽게 하지 말라, 이게 아니라, 자녀를 노엽게 하지 말라. 인격적으로 대하라는 겁니다. 자녀가 조금 잘못된 판단을 하더라도, 그걸 존중하고 따뜻한 눈으로 지켜봐 주는 것, 여기에 부모의 그릇이 있지 않겠어요.

물론 타이르는 것도 필요하죠. 그러나 그때도 선을 지키셔야 합니다. 오래 전 영화인데, "죽은 시인의 사회"라는 영화가 있었죠. 부유한 집안의 자제들이 주로 다니는 유명 사립 고등학교를 배경으로 한 영화인데, 생각에 잠기게 하는 영화였습니다. 다들 부유하고 소위 잘 나가는 집안의 자녀들이 비싼 등록금 내고 최고의 교육을 받는 학교인데, 안타깝게도 한 학생이 극단적인 선택을 합니다. 많이 괴로웠는지 스스로 목숨을 끊어요. 사연이 있었겠죠. 이 친구는 연극을 하고 싶은데, 아버지가 의사가 되라는 거예요. 아버지한테 자기 생각을 털어놓으니, 아버지가 발끈하세요. "뭐, 연극? 그런 딴따라나 하라고 내가 널 여기 보낸 줄 알아? 넌 의사가 돼야 해." 그땐 연기가 별 인기가 없었나 봐요. 상처가 되었는지 아이가 견디지 못하고 극단적인 선택을 합니다. 물론 아버지는 아들을 위하는 마음으로 그랬을 거예요. 아들이 잘못되라고 한 말이 아니에요. 그런데 아들이 그걸 견디지를 못한 거예요.

우리 인간의 본성이 인격적인 대우를 원해요. 하나님이 그렇게 지으셨고, 친히 하나님이 우리를 그렇게 대하십니다. 우리도 서로를 그렇게 대하기를 바랍니다. 목장 모임 할 때도 존중하는 마음으로 대하세요. VIP를 사랑할 때도 인격을 존중하는 마음으로 대하세요. 당장 교회에 나왔으면 좋겠지만, 기다려 주세요. 당장 변화되기를 바라지만, 그분의 템포를 존중해 주시고, 때로 인내하며 기다려 주세요.

그러다가 기회를 놓치면 어떡하냐? 그래서 더욱 그분을 위해 간절히 기도하고, 더 따뜻한 언어로 권면해야죠. 그렇지만 최종 결정은 그분이 할 수 있도록 해야 합니다. 그게 하나님의 방식입니다. 그렇게 할 때 진정한 돌아옴이 일어날 수 있어요. 몸만 덩그러니 갖다 놓는다고 돌아오는 게 아니죠. 존중하는 마음으로 기다려주고, 그렇기 때문에 더 뜨겁게 기도하고, 우리 교회 목장은 그런 모임이 되기를 바랍니다.

3. 간구의 기도 · 내 삶에 개입하소서!

두 번째, 기도 제목 하나를 더 추가합니다. 첫째는 감사의 기도였는데, 이번에는 간구의 기도입니다. "주님, 내 삶에 간섭하여 주소서. 주님, 내 삶에 개입하여 주소서."

최근에 교회 주보에 특이한 감사 제목이 하나 올라왔어요. 제가 죽 읽어 보거든요. 성도들이 어떤 감사를 하나. 재밌는 게 많아요. "우리 아들 새 차를 주셔서 감사합니다." 부모의 마음이 그런 거죠. "주님 이번에 우리 아이 시험도 붙게 해 주시고, 남편 사업도 잘 되게 해주시고 저의 건강도 회복" 그 다음이 "시켜 주심을 감사합니다" 이럴 줄 알았는데, 뒤에 보니까 "그렇게 해주실 것을 믿고 감사합니다." 목사로서 약간 긴장이 되더라고요. 그래서 그 자리에서 제가 기도했어요. 하나님, 감사헌금도 받았는데, 이거 들어주세요.

그런데, 3주 전인가 제 눈에 확 들어오는 게 있었어요. "범사에 주님이 간섭하심 감사!" 범사에 주님이 간섭해 주셔서 감사합니다! 읽다가 생각에 좀 잠겼어요. 이게 감사할 내용인가? 간섭해 주셔서 감사합니다. 이게 말이 되는가? 사실 우리의 본성에는 맞지 않아요. 사람은 누구나 자유로운 삶을 좋아해요. 애도 그렇고 어른도 그렇고, 간섭 받기를 싫어해요. 우리나라 사람도 그렇고, 외국 사람도 그렇고, 영국 사람도 그래요. 유명한 팝송이 있잖아요. "내비둬! 내비둬!" 비틀즈의 렛잇비를 저는 이렇게 번역할 수 있지 않을까요? "내비둬! 내비둬! 내 멋대로 살게 제발 내비둬!"

누구나 자유로운 삶을 원해요. 간섭 받기를 싫어해요. 그런데 이분은 "간섭하심을 감사합니다." 왜 이럴까요? 이유인즉, 이분이 하나님을 아시는 거예요. 하나님이 내 삶에 어떤 분인지, 그분이 얼마나 나를 사랑하시는지, 그분이 얼마나 지혜로운 분인지, 이분이 아는 거예요. 그래서 고백하기를, 하나님의 간섭이 내게 행복입니다. 주님의 간섭이 내게 지혜입니다. 주님의 간섭이 내게 감사입니다. 수많은 감사의 제목이 있지만, 너무나 인상적이고 목사로서 너무나 감사한 감사 제목입니다.

사랑하는 성도 여러분, 우리도 이 기도를 올릴 수 있기를 바랍니다. "주님, 내 삶에 간섭하여 주소서. 주님을 향하여 마음의 문을 엽니다. 내 삶 한 가운데 들어오셔서 내 삶을 인도하소서." 그럴 만해요. 우리 하나님은 정말 귀한 분이거든요. 다른 사람이라면 간섭이 귀찮을 수 있지만, 이분의 간섭이라면 행복이요, 지혜요, 감사입니다. 저도 몇 차례 이분의 간섭을 느끼면서 진심으로 고백할 수 있어요. 그분의 간섭이라는 것이 때로 힘겨울 수도 있어요. 그러나 지나고 보면 그 또한 나를 향한 은혜와 사랑이구나, 깨닫게 됩니다.

결론 - 내 삶에 주님의 자리가 넓어지기를

말씀을 맺습니다. 오늘의 말씀은, 내버려 두시는 하나님. 겉포장은 냉정해도 참 따뜻한 이름입니다. 나를 존중해 주시는 하나님. 나의 인격을 존중해 주시는 하나님. 우리의 인격을 존중해 주시는 하나님께 감사한 마음으로 살기를 바랍니다. 그러나 거기서 머물지 말고, 지혜를 담아 이렇게 기도하기를 원합니다. 주님, 내 삶에 간섭해 주소서. 내 삶에 들어오소서. 내가 주님을 향하여 마음을 엽니다. 주님을 향하여 마음의 문을 활짝 열고 주와 함께 살아가시는 복된 인생 되시기를 주님의 이름으로 축원합니다. 아멘.

복음 VIII

나는 죄인입니다!

(롬 2:1-29)

서론 - 나는 죄인입니까?

오늘의 말씀은, 나는 죄인입니다! 오늘 본문은 뚜렷한 목표를 가진 본문입니다. 글을 쓸 때는 어떤 목표를 가지고 쓰는 경우가 많습니다. 그냥 재미를 주기 위한 글도 있고, 어떤 정보를 제공할 목적으로 쓴 글도 있습니다. 뭉클한 감동을 주기 위한 글도 있고, 글의 목적이 다양합니다. 그렇다면 로마서 2장 오늘 본문의 목표는 뭐냐? 우리한테 이 고백을 받아내는 겁니다. 나는 죄인입니다!

오늘 본문이 굉장히 복잡해요. 보다시피 길이도 길고, 내용도 하나로 엮어내기 버거울 정도로 다양해요. 그런데 이 복잡한 본문의 중심에 그 저변을 흐르는 하나의 단일한 목표가 있어요. 나는 죄인입니다! 이 고백을 받아내는 겁니다. 바울이 지금 그 목표를 향해 달려가고 있어요.

사실 지지난주 본문부터 그랬어요. 제가 "인류 약사"라는 제목으로 설교한 적이 있는데, 기억나세요? 본문이 1장 18-32절이었는데, 그때부터 바울의 목표가 이거였어요. 나는 죄인입니다! 그때는 스케일이 컸죠. 인류 전체를 상대로, 인류는 죄인입니다! 이 고백을 향해 달려갔던 거예요.

역사를 세 구획으로 나누었죠. 외면의 역사, 왜곡의 역사 혹은 상실의 역사, 그래서 파멸의 역사인데, 한 마디로 정리하면 죄의 역사입니다. 인류의 역사는 죄의 역사였고, 인류는 죄인이라는 내용이었습니다. 오늘은 바울이 이걸 개인의 영역으로 끌고 옵니다. 집단으로서 인류가 죄인이듯이, 개인으로서 나도 뭐에요? 나도 죄인입니다! 이게 오늘 본문의 줄기입니다. 그러니까 오늘 어떡하든 우리 입에서 이 고백이 나와야 됩니다.

복음으로 가는 외나무다리

여기서 떠오르는 질문이 있는데, 바울이 왜 이럴까요? 왜 우리한테 나는 죄인입니다! 이 고백을 받고 싶어 할까? 별로 좋은 고백도 아닌데. 우리 기를 한번 꺾으려고? 아침부터 기분 상하라고? 아닙니다. 이유인즉, 그것이 구원으로 들어가는 관문이 되기 때문입니다. 나는 죄인입니다! 이 고백이 복음으로 들어가는 통로가 돼요. 이 고백이 예수 복음을 붙드는 발판이 됩니다. 그래서 바울이 이 고백에 집중합니다. 나는 죄인입니다!

복음으로 가는 길에 반드시 건너야 하는 외나무다리가 있어요. 피할 수 없는 다리, 우회할 수 없는 다리가 있으니, 나는 죄인입니다! 우리 입에서 이 고백이 나와야 해요. 그냥 의례적인 말이 아니라 진심으로, 주님, 내가 죄인입니다! 저와 여러분의 입에서 이 고백이 꼭 나올 수 있기를 바랍니다.

청년 시절 저의 신앙에 묵직한 도움을 준 책이 있습니다. "구원이란 무엇인가?"라는 제목의 책입니다. 내용은 잘 생각 안 나는데, 딱 두 문장이 기억나요. 어쩌면 그 두 문장이 책 내용 전체라고도 할 수 있어요. 질문 하나에 대답 하나, 그렇게 두 문장인데, 질문이 이겁니다. "우리가 구원을 받아야 할 이유가 무엇인가?" 질문이 좀 도발적이죠? 우리가 구원을 받아야 할 이유가 무엇인가?

보통 이런 질문은 잘 안 던져요. 그보다는 어떻게 해야 구원을 받을 수 있는가? 구원의 방법, 혹은 구원의 길을 묻습니다. 그리고는 대답하기를, 예수를 믿어야 한다, 이런 식의 책이 대부분입니다. 그런데, 그 책은 질문의 결이 전혀 달랐습니다. 구원의 방법이 아니라, 구원의 필요성을 묻습니다. 우리가 구원 받아야 할 이유가 무엇인가?

순간 제가 생각에 잠겼어요. '이 질문 도대체 뭐지? 왜 이런 식의 질문을 던지지?' 그런데 드는 생각이 '아, 이거 참 중요한 질문이구나.' 어떻게 하면 구원을 받을 수 있는지 구원의 방법도 중요하지만, 그 이전에 구원의 필요성을 알아야 하는 거죠. 내가 왜 구원을 받아야 하지? 이 질문을 먼저 던지는 게 맞다 싶었어요.

복음을 거절하는 분들이 많잖아요. 복음을 받아들이지 않는 분들이 많은데, 여러 가지 이유가 있어요. 예를 들어, 안 믿기는 거죠. 부활이 안 믿어지고, 예수님의 동정녀 탄생이 안 믿어지고, 그래서 복음을 거절하는 거죠. 그런데 어쩌면 복음을 거절하는, 더 근본적인 이유는 따로 있어요. 구원의 필요성이 가슴에 안 와 닿는 거예요. '구원이란 게 꼭 필요한가? 인생이란 게 집 있고, 몸 건강하고, 통장에 돈 있으면 됐지, 거기다 구원이라는 게 꼭 필요한가?'

병원이 필요한 이유는 압니다. 아프니까. 돈이 필요한 이유도 알아요. 먹고 살아야 하니까. 그런데 구원이 필요한 이유는? 이건 분명치 않은 분들이 많아요. "사는 것도 바쁜데, 무슨 구원까지? 됐습니다." 구원의 필요성을 체감적으로 느끼질 못하는 거예요. 그러니까 복음에 마음이 안 열리죠. 그러니까 이 질문이 굉장히 중요해요. 우리가 구원을 받아야 하는 이유는 무엇인가?

답이 궁금하지 않으세요? 그 책의 대답은 이렇습니다. "우리가 죄인이기 때문에." 우리에게 구원이 필요한 이유, 우리가 구원 받아야 하는 이유는, 우리가 죄인이기 때문입니다. 그래서 바울이 이 고백에 집중합니다. 나는 죄인입니다! 다른 말로, 나는 구원이 필요한 사람입니다. 인류도 그렇고, 나 자신도 그렇고, 우리는 구원이 필요한 죄인입니다. 이 고백이 나와야 복음의 필요성을 알고, 이 고백이 나와야 복음을 향해 마음이 열립니다. 그래서 바울이 이 고백에 집중합니다. 나는 죄인입니다!

이 고백이 없으면 그냥 예수님은 훌륭한 사람, 내지는 그냥 괜히 고생한 분이에요. 죄인이 아니라면 구원도 필요 없고, 그렇다면 그분이 십자가에 달릴 이유도 없어요. 우리가 죄인이 아니라면 구원도 필요 없고, 예수님이 그렇게 고생할 필요도 없어요. 내가 죄인이기에 예수 십자가가 필요하고, 내가 죄인이기에 그분이 주시는 구원이 필요한 겁니다. 그런 의미에서, 나는 죄인입니다. 다른 말로, 나는 구원이 필요합니다! 우리의 입술에 이 고백이 있기를 주님의 이름으로 축원합니다. 아멘.

진실한 고백을 방해하는 잡초들

이제 본문으로 돌아와서, 오늘 본문이 뭐냐? 잡초 이야기입니다. 죄인의 마음을 가득 채운 잡초, 나는 죄인입니다! 이 고백을 방해하는 잡초 이야기입니다. 바울이 살펴보니 사람들 마음에, 죄인들 잡초가 가득해요. 나는 죄인입니다! 이 고백이 들어와야 하는데, 엉뚱한 잡초들이 가득한 거예요. 그래서 오늘 본문이 길어졌어요. 바울이 그걸 걷어내느라고. 잡초를 제거해야 곡식이 자랄 수 있잖아요. 어떤 잡초가 있느냐? 묵상하실 때, 복음을 방해하는 잡초들은 사라지고 나는 죄인입니다! 이 귀한 고백이 우리 안에 임하기를 소원합니다.

1. 남을 판단하기

첫째, 남 판단하기입니다. 우리 마음에 들어앉은 첫 번째 잡초는 남 판단하기. 1절을 같이 읽습니다. "그러므로 남을 판단하는 사람아, 누구를 막론하고 네가 핑계하지 못할 것은 남을 판단하는 것으로 네가 너를 정죄함이니 판단하는 네가 같은 일을 행함이니라."

호칭에 주목해 주세요. "남을 판단하는 사람아." 오늘 본문은 특히 유대인을 겨냥한 말씀인데, 바울이 보니 유대인들 마음에 잡초가 가득해요. 남 판단하기의 잡초. 나는 죄인입니다! 이건 없고, 저 사람이 죄인입니다! 저놈이 나쁜 놈입니다, 이것만 가득한 거예요. 그런데 유대인만 그럴까요? 우리도 그래요. 다들 뒷담화 좋아하잖아요. 한 사람 올려놓고 이러쿵저러쿵. 이 사람은 어떻고, 저 사람은 어떻고. 저도 해봐서 아는데 참 재밌어요. 내가 의로운 사람이라는 느낌도 줍니다. 예리한 거 같기도 하고.

그런데 성경이 그걸 굉장히 싫어합니다. 남 판단하는 것을 성경이 굉장히 싫어해요. 그 자체가 나쁘기도 하지만, 더 큰 것은 그게 복음을 가로막기 때문입니다. 남 판단하기 좋아하는 마음에는 복음이 잘 들어가지 않아요. 복음이 들어오는 문은 나는 죄인입니다! 이건데, 남을 판단하기 시작하면 복음이 잘 안 들어와요. 설령 맞는 말이라 하더라도 그래요.

4절이 그 말씀입니다. "혹 네가 하나님의 인자하심이 너를 인도하여 회개하게 하심을 알지 못하여 그의 인자하심과 용납하심과 길이 참으심이 풍성함을 멸시하느냐?" 여기서 "그"는 하나님입니다. 누군가를 헐뜯는다는 거, 그건 그 사람을 멸시하는 게 아니라, 하나님을 멸시하는 일이라는 의미입니다. 새겨서 읽으면, 남을 판단하는 마음에는 하나님이 들어설 자리가 없다는 거예요. 그 마음이 하나님을 밀어낸다는 의미입니다. 죄인의 본성이 남 판단하기를 좋아하는데, 그런 마음에는 복음이 들어서기가 어려워요. 우리 모습이 아닌지 돌아보기를 바랍니다.

8절도 함께 읽겠습니다. "오직 당을 지어 진리를 따르지 아니하고 불의를 따르는 자에게는 진노와 분노로 하시리라." 이게 참 재밌는 대목인데, 남 판단하기 좋아하는 사람의 특징이 혼자서 안 해요. 여럿이 모여요. "오직 당을 지어." 혼자서 하면 재미가 없나 봐요. 어떡하든 모여서 비판을 해요.

거룩한 주일도 그래요. 언젠가 카페에 앉았다가 듣지 말아야 할 소리를 들은 적이 있어요. 저녁 예배를 마친 분들 같았는데, 한 무리의 성도들이 들어왔어요. 그분들이 성도들이라는 사실은 얼굴보다 이어지는 대화에서 금방 알 수 있었습니다. "김 집사, 오늘 밥이 좀 그렇지 않았어? 성가대 찬양이 오늘따라 영 그렇더라." 어떤 분은 설교 평까지 "오늘 설교 나 들으라고 한 거 맞지?" 어느 교회 성도들인지는 모르겠는데, 듣는 내내 마음이 불편했어요.

성도다운 모습이 아닙니다. 죄인인지라 재미는 있을지 몰라도, 하나님과 멀어지는 길이고, 복음과 멀어지는 길입니다. 재미는 있는지 몰라도, 그분들 영혼과 교회에 상처를 안기는 길입니다. 복음은 교만한 판단이 아니라 겸손한 고백이 있는 곳에 임합니다. 나는 죄인입니다!

2. 자기 자랑하기

이어서 두 번째, 복음을 가로막는 두 번째 잡초는 자랑입니다. 이름 하여, 자기 자랑하기의 잡초. 죄인의 특징이 자랑하기를 좋아해요. 사실 누구나 자랑하는 걸 좋아해요. 누구나 잘난 체 하고픈 욕심이 있어요. 그런데 기억할 것은 자기 자랑이 있는 곳에는, 복음이 들어서기가 어려워요. 잡초 많은 밭에 곡식 자라기 힘들 듯이, 자기 자랑이 있는 곳에 복음이 들어서기가 어려워요.

유대인들이 그래서 복음을 받지 못했어요. 바울 당시 유대인들이 허물이 많아서 구원에 이르지 못한 게 아닙니다. 오히려 자랑 거리가 많아서 복음이 들어가지 못했어요. 11절에 "이는 하나님께서 외모로 사람을 취하지 아니하심이라." 여기서 외모는 유대인의 자랑 거리를 가리키는 말입니다. 얼굴 외모가 아니고, 명품 백 자랑하고 아파트 평수 자랑한 것도 아닙니다. 유대인들은 그렇게 수준 낮은 사람들이 아니에요. 그럼 뭐가 자랑거리였느냐? 율법입니다. 17절에 "유대인이라 불리는 네가 율법을 의지하며 하나님을 자랑하며." 율법과 하나님, 이게 그분들 자랑 거리였습니다. 이거 때문에 복음을 받지 못했어요.

의아스러운 분도 있을 거예요. 그건 좋은 거 아닌가? 율법은 하나님의 말씀인데, 그걸 자랑하고, 또 하나님을 자랑하는 건 신앙에 좋은 거 아닌가? 그럴 수 있어요. 그런데 신앙이라는 게 그렇게 단순하지가 않아요. 하나님을 자랑하는 것하고, 하나님을 등에 업고 나를 자랑하는 건 차원이 달라요. 말씀을 자랑하는 것하고, 말씀을 등에 업고 나를 자랑하는 건 차원이 전혀 달라요. 유대인들은 주로 후자의 길을 걸었습니다.

그게 무엇이든 내 자랑이 되는 순간, 마음의 잡초가 될 수 있어요. 아무리 귀한 것이라도 그것 때문에 다른 사람을 낮추어 보는 자랑이 되는 순간, 복음을 가로막는 잡초가 될 수 있어요. 유대인의 패착이 바로 여기에 있었습니다. 주님께 받은 은혜가 많았지만, 그것이 그들 마음에 교만한 자랑이 되면서 복음이 들어설 수가 없었어요.

그러면 어떤 사람이 복음을 받고, 구원에 이르게 되느냐? 16절 함께 읽습니다. "곧 나의 복음에 이른 바와 같이 하나님이 예수 그리스도로 말미암아 사람들의 은밀한 것을 심판하시는 그 날이라." 은밀한 것이라는 말이 나오는데, 새겨서 읽으면, 나의 부족함 혹은 나의 허물을 가리킵니다. 나의 부족함이 눈에 들어오는 사람, 나의 허물 때문에 마음이 아픈 사람, 그 사람에게 예수 복음이 들어갑니다. 그런 사람들의 고백이 바로 "나는 죄인입니다." 바라기는 저와 여러분의 모습이기를 바랍니다.

자랑의 반대말이 뭘까요? 한번 생각해 봤어요. 자랑의 반대말이 뭘까? 감사라는 생각이 듭니다. 자랑의 반대말은 감사다. 같은 은혜를 받아도 그걸 자랑 주머니에 담는 사람이 있고, 같은 은혜를 받아도 그걸 감사의 주머니에 담는 사람이 있어요. 그리고 그 결과가 사뭇 달라요. 자랑이 많은 사람은 멸망에 이르게 될 것이요, 감사가 많은 사람은 구원에 이를 것입니다. 교만한 자랑보다 겸손한 감사가 넘치는 귀한 성도들이 되시기를 주님의 이름으로 축원합니다. 아멘.

3. 남을 가르치기

마지막으로 복음을 가로막는 잡초 세 번째는 남 가르치기입니다. 죄인의 또 하나의 특징이 남 가르치는 걸 좋아해요. 내 안에 가르치려는 마음이 일어날 때 주의할 필요가 있어요. 그게 잡초가 되어서 복음을 가로막을 수 있습니다. 19절에 "맹인의 길을 인도하는 자요 어둠에 있는 자의 빛이요." 20절 같이 읽습니다. "율법에 있는 지식과 진리의 모본을 가진 자로서 어리석은 자의 교사요 어린 아이의 선생이라고 스스로 믿으니."

남을 가르칠 수 있다는 것은 참 귀한 일이죠. 그런데 주의해야 할 것이, 귀한 교사와 희망 없는 죄인의 경계가 애매해요. 죄인의 특징 가운데 하나가, 가르치는 걸 좋아해요. 톤 자체가 가르치는 톤이에요. 교사 생활 오래 하다 보면 그럴 수 있죠. 그건 직업적인 특성이니까 어쩔 수 없지만, 그것도 아닌데 내 안에서 자꾸 가르치려는 모습이 나온다면, 주의할 필요가 있어요. 죄성의 발로일 수 있습니다. 교만의 발로일 수 있어요. 하나님을 밀어내고 복음을 밀어내는 잡초가 될 수 있습니다.

특별히 기도를 막는 잡초가 될 수 있어요. 지난 수요일 조금은 특별한 경험을 했습니다. 그날 좀 힘들었어요. 기도를 하는데 이상하게 기도가 안 돼요. 말씀도 좋고, 찬양도 좋고, 평소와 다를 바가 없는데, 이상하게 기도가 안 돼요. 무언가 벽에다 대고 하는 그런 느낌이랄까, 마음이 답답해요. 피곤해서 그런가 했는데, 저녁에 깨닫게 되었어요. 교역자 수련회가 문제였어요.

주일 사역 마치고 화요일까지 교역자 수련회가 있었어요. 2박 3일을 갔다 왔는데, 거기서 탈이 났어요. 무슨 사고가 있었던 건 아니고, 거기서 제가 잘난 체를 많이 했어요. 그랬던 거 같아요. 교역자들과 즐거운 시간도 가지고, 아침에 모여서 경건회도 하고, 저녁에는 두 시간 넘게 교회의 비전을 생각하며 회의도 가졌어요. 참 귀한 시간이었어요. 그런데 그 와중에 제 자랑이 많이 끼어 있었던 거 같아요. 교역자들을 지도하고, 나를 돕는다는 생각으로 했지만, 나를 드러내려는 순간이 많았습니다. 그리고 은근히 남을 비판하기도 하고, 특히 가르치는 자세를 많이 취했던 거 같습니다.

제가 거짓말을 한 건 아닙니다. 조금 오버한 건 있을지 몰라도 사실을 말했습니다. 그런데 마음의 자세라고 할까, 말의 톤이 남을 판단하고, 나를 드러내려 하고, 가르치려 들었던 거예요. '하나님이 이 태도를 기뻐하시지 않는구나. 그 태도가 나의 영을 탁하게 하는구나.' 저녁에 기도하는데 문득 그 생각이 들었습니다. 회개하고 다음 날 목요일 새벽 기도를 드리는데, 이상하게 그때는 느낌이 완전히 달라요. 기도의 문이 열리는 느낌마저 들었습니다. '아, 정말 무언가 막혀 있었구나. 그런 게 정말 주님과의 관계를 왜곡시키는구나.' 두고두고 생각할 인상적인 경험이었습니다.

지난주에 총목자 모임이 있었어요. 그날의 주제는 '좋은 목사'였습니다. 목자님들께 제가 부탁을 했어요. 5분 드릴 테니까, 조별로 토의해서 결과를 달라고, 주제는 '좋은 목사는 어떤 목사인가?' 좋은 의견을 많이 주셨어요. 그 중에 하나가 '하나님과 늘 소통하는 목사'였습니다. 제 마음에 오래도록 남을 거 같습니다. 하나님과 소통하는 목사. 목사가 하나님과 막히면 그 피해가 교회에 가게 되잖아요. 하나님과 친밀한 교제를 나누는 목사가 되도록 애를 쓰겠습니다. 이를 위해 남 판단하기,

자기 자랑하기, 남 가르치기 등의 행동을 하지 않도록 애를 쓰겠습니다. 기도를 부탁드립니다.

결론: 예수 복음이 구원할 수 없는 죄인

말씀을 정리합니다. 오늘의 말씀은, 나는 죄인입니다! 죄인에게 소망이 있다면, 겸허히 죄를 인정하는 것입니다. 나는 죄인입니다! 이게 겉보기엔 남루해도 우리를 주님 앞으로 이끄는 통로가 됩니다. 남을 판단하기보다 이해하기를 좋아하고, 자랑하기보다 감사할 줄 알고, 가르치기보다 겸손하게 배우기 좋아하는 귀한 하나님의 사람이 되시기를 우리 주님의 이름으로 축원합니다. 아멘.

복음 IX

헛똑똑이

(롬 3:1-8)

서론 · 헛똑똑이

오늘의 말씀은 헛똑똑이입니다. 나름 똑똑해 보이는데 실속이 없는 사람을 일컬어 헛똑똑이라 합니다. 신앙의 세계에도 있어요. 바울 당시 유대인들이 그랬습니다. 유대인들이 똑똑하잖아요. 노벨상도 많이 타고. 지금도 그렇지만 그때도 참 똑똑했어요. 그런데 안타까운 것은 때로 그 똑똑함이 독이 됩니다. 그것 때문에 소중한 것을 놓쳐요. 유대인들이 생명의 복음을 놓칩니다. 눈앞에 두고도 놓쳐요. 어리석어서 놓친 게 아니에요. 너무 똑똑해서, 할 말 할 줄 알고, 따질 거 따질 줄 알고, 너무 똑똑해요. 그래서 복음을 놓쳤습니다.

오늘 본문이 그 이야기입니다. 1절에 "그런즉 유대인의 나음이 무엇이며 할례의 유익이 무엇이냐?" 유대인들이 바울에게 따지는 장면입니다. "그런즉 유대인의 나음이 무엇이냐?" 다른 말로, "그럼 유대인은 뭐가 되느냐? 바울 당신이 그런 식으로 복음을 선포하면, 우리 유대인들은 뭐가 되느냐?"

헛똑똑이 하나, 하나님이 주신 율법이 가짜였다는 말이냐?

유대인은 하나님의 선민이었습니다. 수많은 민족 중에 주님이 택하신 선민이었고, 그 자부심으로 살았습니다. 율법을 지키고, 할례도 행했습니다. 선민이니까. 힘들 때도 있고, 지칠 때도 있었지만 율법을 지키고 할례를 지켰습니다. 심지어 목숨을 걸어야 할 때도 있었지만, 그래도 지켰습니다. 선민이니까. 그렇게 천 년 세월을 살아왔습니다. 그런데 바울이 선포하길, 그게 아무 소용없다는 거예요. 할례도 필요 없고, 율법도 소용없고, 오직 믿음으로 구원 받는다고 선포합니다. 유대인이나 이방인이나 아무 차이 없이 오직 믿음으로!

여기서 유대인들이 발끈합니다. "그러면 우리는 뭐냐? 그러면 우리 조상들은 뭐가 되냐?" 지렁이도 밟으면 꿈틀합니다. 바보 같은 지렁이는 가만히 있지만, 똑똑한 지렁이는 꿈틀합니다. 지금 유대인들이 그렇게 꿈틀합니다. "그러면 우리는 뭐가 되냐고?" 나름 할 말을 하는 거라고 볼 수 있습니다. 똑똑하니까. 그런데 안타깝게도 이게 독이 됩니다. 유대인의 이 똑똑함이 복음을 향해 마음의 문을 닫게 합니다.

헛똑똑이 둘, 사람들이 믿지 않는다면 복음에 결함이 있는 것 아니냐?

이어서 3절에는 유대인의 똑똑함이 더 분명하게 드러납니다. "어떤 자들이 믿지 아니하였으면 어찌 하리요?" 지금도 그렇지만 그때도 복음을 안 믿는 분들이 있었어요. 유대인 중에도 많았습니다. 여기서 문제를 제기하기를, "그 믿지 아니함이 하나님의 미쁘심을 폐하겠느냐?" 미쁘심은 순수 우리말로서 신실하다는 뜻입니다. 풀이하면, "사람들이 복음을 안 믿는 걸 보면, 하나님께 무언가 결함이 있는 거 아니냐?" 하는 도전입니다.

1절이 단순히 감정적인 꿈틀이었다면 3절은 나름 논리적인 공격입니다. 예를 들어, 어느 식당에 새로운 메뉴가 나왔는데 인기가 없어요. 사람들이 안 먹어요. 광고를 해도 시큰둥해요. 누구 문제일까요? 손님이 문제일까요, 아니면 요리사가 문제일까요? 당연히 요리사가 문제입니다. 음식에 문제가 있는 겁니다. 복음도 하나의 음식인데, 사람들이 안 먹어요. 심지어 단골인 유대인조차 거부를 합니다. 이에 유대인들이 주장하기를, 그러면 복음의 요리사 하나님한테 무언가 결함이 있는 거 아니냐, 이런 논지입니다.

말이 되나요? 없지 않아 그런 면이 있습니다. 상당히 논리적인 공격입니다. 그런데 그렇다고 너무 빠져들면 안 됩니다. 원래 이단이 논리적입니다. 논리적이라 해서 반드시 진리는 아닙니다. 여하튼 유대인들이 똑똑합니다. 똑똑하니까 이런 주장을 하는데, 안타까운 것은 이런 마음에는 복음이 잘 들어가질 못합니다.

헛똑똑이 셋, 우리가 죄를 지었다고 하나님이 손해본 게 뭐냐?

여기서 끝이 아니고, 5절은 도발적이기까지 합니다. "그러나 우리 불의가 하나님의 의를 드러나게 하면 무슨 말 하리요?" 우리의 불의, 혹은 우리가 범한 죄가 하나님의 의로우심을 드러내는 거 아니냐 하는 말입니다. 그러면서 하는 말이 "내가 사람의 말하는 대로 말하노니 진노를 내리시는 하나님이 불의하시냐?" 사람들의 말인즉, 하나님이 나한테 화를 낼 자격이 있느냐, 이거예요. 내가 죄를 지었다고 그분이 손해 본 게 없지 않느냐? 오히려 득을 봤지. 내가 어둔 죄인이 되니까 하나님은 반사이익으로 반짝반짝 빛이 나는 거 아니냐? 그런데 하나님이 왜 나한테 진노를 발하시느냐? 왜 그분이 나를 심판하려고 하시느냐? 손해 본 것도 없으면서 말이지.

말이 되나요? 없지 않아 말이 됩니다. 그런데 여기에 설득 되면 안 돼요. 이런 걸 궤변이라고 하죠. 여하튼 유대인들이 똑똑해요. 궤변도 아무나 하는 게 아닙니다. 나름 똑똑해야 궤변도 펼칠 수 있습니다. 그런데 안타까운 것은, 이런 마음에는 복음이 잘 안 들어가요. 지금도 복음을 거절하는 분들 중에 똑똑한 분들이 많습니다. 나름 논리적으로 복음을 뿌리치는 분들이 있는데, 말로는 당할 수가 없어요. 조목조목 복음을 논리적으로 반박하는데, 들어보면 꽤 똑똑한 거 같기도 합니다. 그런데 안타까운 것은 그 똑똑함 때문에 인생 최고의 보물, 복음을 놓칩니다. 우리의 모습이 아니기를 바랍니다.

반똑똑이 말고 온똑똑이가 되라

그런 의미에서 오늘 주께서 우리에게 주시는 말씀은, 똑똑한 사람보다 어떤 사람이 되라? 바보가 되라? 그건 아니에요. 바보가 되면 안 되죠. 대신 오늘 주께서 우리에게 주시는 말씀은, 제대로 똑똑한 사람이 되라. 제대로! 항상 어중간한 게 문젭니다. 언젠가 설교하면서 어중간하게 눈이 밝은 게 문제라고 했는데, 똑똑한 것도 그렇습니다. 바울 당시 유대인들이 똑똑하긴 한데, 어중간하게 똑똑해요. 반똑똑이. 하나는 알고 둘은 모르는 반똑똑이.

오늘 말씀을 통해 온똑똑이의 길을 소개합니다. 설교를 준비하다 보면 말을 만드는 데 시간을 들일 때가 있어요. 반똑똑이도 그렇고, 온똑똑이도 그렇고, 사전에는 없는 말이지만, 한 주간 묵상하시라고 만들어 보았습니다. 묵상하실 때 헛똑똑이, 반똑똑이 말고, 진정으로 똑똑한 온똑똑이가 되시기를 주의 이름으로 축원합니다.

1. 섬김의 지혜

어떤 길이 진정한 똑똑함이냐? 먼저, 섬김입니다. 성경이 추천하는 진정한 똑똑함, 온똑똑이의 첫 걸음은 섬김입니다. 진정한 똑똑함은 내 잇속 챙기는 것보다 섬김에 있다. 공감이 되시는지요? 그러기를 바랍니다.

이 땅에는 다양한 삶이 있어요. 챙기는 삶이 있는가 하면, 섬기는 삶도 있어요. 내 것 챙기고, 내 입장 챙기고, "나는 뭐가 되는 거야?" 그렇게 나를 챙기는 삶이 있는가 하면, 나보다 다른 사람을 섬기는 삶도 있습니다. 둘 중에 어느 쪽이 똑똑할까요? 여러분의 자녀들이 어느 쪽으로 살면 좋으시겠어요? 일반적으로는 앞에 거겠죠. 내 것을 챙겨야죠. 계산기 두드리면 금방 나오잖아요. 그런데 하나님이 만드신 인생이 묘해서, 계산기가 모르는 지혜가 있습니다. 내 것을 챙기는 삶도 좋지만, 섬기는 똑똑함입니다. 내 입장 따지는 것도 좋지만, 묵묵히 섬기는 지혜. 거기에 진정한 똑똑함이 있습니다.

저 같은 사람이 함부로 말할 내용은 아닌데, 성경의 가르침이 그래요. 마태복음 20장 28절을 함께 보시겠습니다. "인자가 온 것은 섬김을 받으려 함이 아니라 도리어 섬기려 하고 자기 목숨을 많은 사람의 대속물로 주려 함이니라." 인자는 예수님의 별칭입니다. 예수님이 이 땅에 오신 것은 "섬김을 받으려 함이 아니라 도리어 섬기려 하고." 우리 주님은 챙기는 삶보다 섬기는 삶을 사셨습니다. 왜 그렇게 사셨느냐? 심성이 착해서? 그런 면도 있어요. 그분이 참 착하시거든요. 그런데 그게 전부는 아닙니다. 그분이 섬기는 삶을 사신 더 깊은 이유는, 똑똑해서입니다. 그분이 지혜롭기 때문입니다. 섬김 속에 진정한 유익이 있음을 아시기 때문입니다.

사랑하는 성도 여러분, 예수님을 믿으신다면, 그분의 길을 따라서 살기를 바랍니다. 그분의 지혜를 믿으신다면, 섬김의 길을 걸어가신 그분의 걸음을 따라가 보시기를 바랍니다. 챙기는 삶에서 얻지 못한 참된 삶의 보화를 거기서 얻을 수 있습니다. 어떤 유익이 있느냐? 먼저, 거기에 진정한 행복이 있습니다. 다들 소망이 행복하게 사는 것입니다. 누구나 행복을 바랍니다. 무언가를 챙기려는 것도 행복을 위해서입니다. 우리를 향한 주님의 마음도 그렇습니다. 주님은 우리가 행복하기를 바라십니다. 그래서 주시는 명령이, 섬기는 삶을 살아라. 예수님이 살아보니 그게 제일 행복한 거예요. 이게 안 해 보면 몰라요. 해본 사람들은 아는 비밀입니다. 참된 행복은 챙김보다 섬김에 있습니다.

단기 봉사 갔다 온 분들 얼굴을 보면 다들 행복합니다. 햇볕에 그을려서 얼굴은 좀 상했어요. 잠을 못자서 얼굴은 피곤한데, 행복해요. 생각하면 참 묘합니다. 봉사란 것이 결국 손해보고 온 길입니다. 내 돈 들이고, 내 시간 들이고, 내 고생해서 그 먼 곳까지, 어떤 분은 휴가를 반납하고 다녀오십니다. 이래저래 손해를 보는 시간입니다. 그런데 갔다 와서는 하는 말이, 다들 행복합니다. 자본주의 계산법으로는 도무지 나오지 않는 행복입니다. 내년 여름에도 많은 분들이 이 행복을 맛볼 수 있기를 바랍니다.

또 하나, 성경이 섬김의 길을 추천하는 이유는, 그 안에 깨달음이 있기 때문입니다. 복음에 대한 깨달음이 있습니다. 복음을 아는 사람은 섬기는 사람입니다. 공부한 사람보다 섬기는 사람이 복음을 더 잘 압니다. 복음을 알기 위해서는 신학 공부도 좋지만, 섬김이 필요합니다. 섬김 속에서 복음을 깨닫습니다. 신학 지식을 아는 것하고, 복음을 아는 것은 미세하지만 차원이 다릅니다. 복음의 비밀을 아는 데는 지식도 유용하지만, 섬김이 복음을 알게 합니다.

이게 가능한 것이, 복음은 논리 체계가 아닙니다. 복음은 지식 체계가 아니라, 오히려 섬김 체계입니다. 복음의 중심에는 학자가 아니라 십자가에 달린 예수님이 계십니다. 선생이 아니라 섬김의 종이 있습니다. 최고의 섬김과 최고의 희생인 십자가가 복음의 기초입니다. 복음의 기초인 십자가는 공부 그릇보다 섬김의 그릇에 담깁니다. 물론 공부가 무용하다는 말은 아닙니다. 신앙의 기초에 지식이 요긴합니다. 그런데 그게 진정한 앎이 되려면, 공부를 넘어 섬김이 필요합니다.

유대인들의 실책이 여기에 있습니다. 바울 당시 유대인들이 복음을 품지 못한 이유를 꼽자면, 섬김을 거절했습니다. 선민의식은 있었지만 섬김이 없어요. 선한 사마리아인의 비유가 단적인 예인데, 강도 만난 이웃을 보고 두 사람은 외면했습니다. 제사장과 레위인이 외면하는데 유대인의 대표격으로 볼 수 있는 사람들입니다. 지식적으로는 많이 알았지만, 섬김이 없어요. 이런 가슴에는 복음이 제대로 들어서질 못합니다. 복음과의 만남, 주님과의 만남은 지식을 넘어 섬김 가운데 이루어집니다.

사랑하는 성도 여러분, 복음의 비밀을 알고자 하십니까? 섬김의 자리를 경험하시기 바랍니다. 섬김 속에서 복음을 깨닫고, 섬김 속에서 주님을 만날 수 있습니다. 무엇보다 섬김 속에서 세상 어디에서도 맛보지 못한 깊은 행복을 맛볼 수 있습니다. 챙기는 삶도 좋지만, 섬김의 삶을 살아가는 똑똑한 인생들이 되시기를 주님의 이름으로 축원합니다. 아멘.

2. 믿음의 지혜

이제 두 번째, 성경이 추천하는 온똑똑이의 삶 두 번째는 믿음입니다. 이름 하여, 믿음의 지혜입니다. 진짜 지혜로운 삶을 살고자 한다면 믿음의 삶을 살라. 의심하는 사람이 똑똑할까요, 그냥 믿는 사람이 똑똑할까요? 일반적으로는 의심입니다. 보이스피싱이 나온 이후로 더 그렇습니다. 무턱대고 믿으면 큰일 납니다. 지금도 하루에 130명이 피해를 본다고 합니다. 의심을 안 해서 피해를 당하는 겁니다. 의심이란 게 때로 참 요긴한 삶의 지혜입니다.

그런데 보이스피싱만 그런 게 아니고, 현대 철학의 교훈이 그렇습니다. 현대 철학의 기초를 놓았다고 평가되는 데카르트 철학의 기초에 의심이 있어요. 데카르트 철학의 기본 방법이 의심이라고 합니다. 방법론적 의심, 혹은 방법론적 회의라고 하는데, 모든 걸 의심합니다. 눈에 빤히 보이는 것도 의심하고,

손으로 만져지는 것도 일단 의심합니다. 확실하게 알기 위해서는 의심해야 된다고 생각하기 때문입니다. 모든 걸 의심하다가 도무지 의심할 수 없는 한 가지를 만나는데, 나라는 존재 자체입니다. 의심하고 있는 나라는 존재 자체는 의심할 수 없다는 거예요. 거기서 데카르트의 철학이 시작되고, 이 사람의 철학 위에 현대 철학이 세워졌다고 합니다. 그러니까 우리 시대 모든 사상의 기초에는 의심이 있다고 볼 수 있습니다. 그게 우리 시대 삶의 방식인 겁니다.

그런데 성경이 경고하길, 의심하는 것이 좋지만 그러다가 정말 소중한 걸 놓칠 수 있습니다. 많은 분들이 그래서 복음을 놓칩니다. 로마서 1장 17절입니다. 성경이 반지라면 로마서는 반지의 보석이라고 했습니다. 그 로마서 중에서도 반짝반짝 빛나는 구절이 바로 이 대목입니다. 17절에 "복음에는 하나님의 의가 나타나서 믿음으로 믿음에 이르게 하나니 기록된 바 오직 의인은 믿음으로 말미암아 살리라 함과 같으니라."

난해 구절로 꼽히는 대목입니다. 특히 이 대목 "믿음으로 믿음에 이르게 하나니" 이게 무슨 말일까? from 믿음 to 믿음, 믿음으로 믿음에 이르게 하다니, 앞에 믿음은 무엇이고, 뒤에 믿음은 무엇일까? 이에 대한 해석이 분분합니다. 어떤 분은 앞에 건 유대인의 믿음이고, 뒤에 건 헬라인의 믿음이라고 해석합니다. 유대인의 믿음이 헬라인에게로 퍼져간다는 겁니다. 또 어떤 분은 앞의 것은 구약의 믿음이고, 뒤에 것은 신약의 믿음이라고 해석합니다. 구약의 믿음이 신약으로 이어진다는 의미입니다.

다양한 해석이 있지만, 제가 묵상한 바로는 앞에 믿음은 씨앗이고, 뒤에 믿음은 열매입니다. 삶의 경험으로도 그래요. 앞에 믿음은 씨앗이고, 뒤에 믿음은 열매입니다. 열매가 맺히려면 씨앗이 있어야 하는데, 믿음의 열매가 맺히려면 무슨 씨앗이 필요할까요? 성경이 말씀하길, 믿음의 씨앗입니다. 쉽게 풀면, 믿음으로 들어가기 위해선 일단 믿어야 한다는 겁니다. 그래야 믿음에 이르게 된다는 말입니다.

많은 분들이 여기서 걸립니다. 많은 분들이 믿음에 이르지 못하는데, 이유인즉, 애초에 믿지를 않기 때문입니다. 애초에 복음을 향해 마음을 닫습니다. 그래서 믿음이 생겨날 여지가 없어요. 이게 참 답답한 거예요. 믿음이 자라려면, 일단 믿어야 하는데, 그 단계에서 막히는 겁니다. 믿음이 성장하려면, 일단 믿음의 씨앗을 받아야 하는데, 그 대목에서 막히는 겁니다.

혹시 이 자리에도 그런 분이 있다면, 이런 말씀 드리고 싶어요. 일단 한번 믿어보세요. 속는 셈 쳐도 좋아요. 일단 한번 믿어보세요. 하나님께 기회를 한번 드려보세요. 일단 한번 마음을 열어주세요. 그래서 예수 복음이, 그 믿음이 한번 힘을 쓸 기회를 주세요. 그러면 성경이 약속하기를, 진정한 믿음에 이르게 될 것입니다.

그런데 유대인들은 그러질 못했습니다. 그분들은 데카르트 철학을 배운 것도 아닌데, 일단 의심하고 보는 습성이 있었습니다. 앞서 보셨듯이, 심지어 하나님까지 의심합니다. 하나님에게 뭔가 결함이 있는 거 아닐까, 의심하는 거예요. 나름 똑똑해 보여도, 이런 마음에는 복음이 들어갈 수가 없습니다. 눈앞에 생명의 복음을 두고도 잡지를 못했습니다. 사람 사이에도 그래요. 그 사람의 진가를 알려면, 일단은 한번 믿어줘야 합니다. 박지성 선수가 잘하는지 아닌지를 알려면 일단 뛰게 해줘야 되잖아요. 벤치에 앉혀 놓으면 알 수가 없어요.

저희 어머님이 많이 배운 분은 아니지만, 이 대목에서는 참 지혜로우셨습니다. 대학 다닐 때 한번은 어머니한테 전화가 왔어요. 다짜고짜 내려오래요. 목소리가 심상치 않아요. 바로 내려갔죠. 병원으로 데려가시는데, 아버지가 누워 계세요. 얼굴을 알아볼 수가 없어요. 얼굴이며 몸이며 너무 부어서, 알아볼 수가 없어요. 오토바이 타고 가시다가 트럭에 치었다고 합니다. 놀라고 있으니 어머니 왈, "걱정 마라, 죽지는 않는단다." 그러면서 용건을 말씀하시는데, "사고처리 하고 올라가라. 병원 간호는 내가 할 테니, 너는 사고처리 하고 가거라." 사고처리? 아버지 사고처리를 하라는 거예요. 일단 그러겠다고 했습니다.

그런데 그게 무슨 의미인지를 다음 날부터 알게 되는데, 정말 복잡해요. 현장 검증도 해야 되고, 가해자 만나서 합의도 봐야 하고, 보험사 찾아서 보상금 논의도 해야 되고, 경찰서도 다녀야 되고. 제가 너무 막막했어요. 대학교 1학년 때입니다. 아무 것도 모를 때였어요. 시골에서만 살아서 대학 입학 원서도 교감 선생님이 대신 내주셨습니다. 그런 저한테 사고처리를 하라는 거예요. 그래서 어머니한테 물어봤어요, 이걸 왜 나한테 시키냐고. 어머니 말씀이 "아들이잖아. 아들이라곤 너 하나뿐인데 이걸 누굴 믿고 맡겨?"

그 일주일이 정말 힘들었습니다. 어떻게 하긴 했는데 처리가 잘 되었는지도 모르겠어요. 그런데 돌아보면 어머님이 참 지혜로우셨던 거 같아요. 그 일을 통해 어머님이 다른 건 몰라도, 아들 하나를 얻으셨어요. 그리 좋은 아들은 아니지만, 적어도 집안에 무슨 일 생기면 책임감을 느끼는 아들을 얻으셨어요. 내가 해야 되는 구나. 그때부터 아들의 책임감이란 걸 느꼈던 거 같아요. 어쩌면 그때 제가 사고처리를 엉터리로 했을 수도 있어요. 그러나 그렇다손 치더라도 어머니한테 남는 장사가 아니었을까 싶어요.

각설하고, 성도 여러분, 하나님께 한번 믿음을 보여주세요. 그분께 한번 기회를 주세요. 의심하기보다 그분께 한번 기도해 보세요. 이것저것 따지기보다 그분의 말씀대로 한번 살아보세요. 믿음으로 내 삶에 그분을 한번 초대해 보세요. 그 믿음이 진정한 믿음으로 인도할 것입니다. 그 믿음이 살아계신 하나님 앞으로 인도할 것입니다.

결론 - 참된 지혜를 향하여

말씀을 맺습니다. 오늘의 말씀은 지혜입니다. 지혜로운 삶을 살라. 반똑똑이, 헛똑똑이 말고 참된 지혜를 품은 온똑똑이의 삶을 살라. 내 것을 챙기는 삶도 좋지만 섬기는 삶을 살고, 의심하고 따지는 삶도 좋지만 때로는 우직하게 믿어주는 삶을 살라. 그 안에 참된 행복이 있고, 참된 깨달음이 있고, 무엇보다 참된 하나님과의 만남이 있습니다. 인간적인 계산으로는 별로 가고 싶지 않은 길이지만 진리의 말씀인 성경이 초대하는 길입니다. 섬김과 믿음을 통해 더 큰 하나님을 만나는 복된 인생이 되시기를 주님의 이름으로 축원합니다. 아멘.

복음 X

일그러진 사람의 얼굴

(롬 3:9–18)

서론: 죄를 가벼이 여기지 말라

오늘의 말씀은 일그러진 사람의 얼굴입니다. 혹은 일그러진 죄인의 얼굴. 죄를 묵상하려고 합니다. 로마서를 통해 우리가 복음을 묵상하고 있는데, 복음을 알려면 죄를 알아야 합니다. 빛을 알기 위해선 어둠을 알아야 하듯이, 복음을 제대로 알기 위해서는 죄를 알아야 됩니다. 그런 의미에서 오늘의 말씀은, 죄란 무엇인가? 오늘 설교가 좀 어둡겠죠. 어두워도 주의 말씀입니다. 열린 마음으로 받으시기 바랍니다.

기본적인 질문을 한번 던지고 싶어요. 사랑하는 성도 여러분, 성경을 믿으십니까? 아멘. 감사합니다. 그렇다면 성도 여러분, 죄를 심각하게 여기시기 바랍니다. 성경을 믿는다면 죄를 가볍게 여기면 안 돼요. 죄에 관한 성경의 첫 번째 가르침이 이겁니다. 죄는 심각하다! 죄는 결코 가벼운 사안이 아닙니다. 죄는 우리 삶에 정말로 중요한 이슈입니다.

세상은 죄를 그렇게 심각하게 생각하지 않아요. 경제 문제는 심각하게 생각하고, 환경오염도 심각하게 생각해요. 아이들 성적과 입시제도의 변화도 심각하게 바라보고, 건강 문제도 매우 심각하게 반응합니다. 그런데 죄에 관해서는 상대적으로 가볍게 생각하는 경향이 있어요. 안 들키면 그만이지. 안 잡히면 그만이고. 사람이 꼭 그렇게 반듯하게만 살 수 있나? 재미도 좀 보고, 챙길 건 챙기고, 그렇게 사는 거지. 세상은 그렇게 생각합니다.

그런데 성경의 생각은 다릅니다. 성경은 죄를 매우 심각하게 바라봅니다. 성경이 가장 무겁게 다루는 이슈를 꼽으라면, 단연 죄입니다. 순서상으로도 성경에서 제일 먼저 다루는 이슈가 죄입니다. 창세기에서 창조 직후에 제일 먼저 죄를 다룹니다. 아담의 타락 사건이 바로 죄 사건입니다. 시기적으로 일찍 발생해서 그런 것도 있지만, 중요하기 때문에 그렇습니다. 그런 의미에서 죄에 관한 첫 번째 성경적 교훈은 이겁니다. 죄는 심각하다!

죄는 상실이다!

한 걸음 나아가, 성경이 죄를 그렇게 심각하게 생각하는 이유가 뭘까요? 가볍게 넘길 수도 있는데, 왜 그렇게 심각하게 바라볼까요? 죄가 우리 삶에 큰 상실을 초래하기 때문입니다. 죄가 우리에게서 소중한 것들을 앗아가요. 그래서 성경이 말하기를, 죄는 심각하다.

"돈을 잃는 것은 조금 잃는 것이고, 명예를 잃는 것은 많이 잃는 것이고." 그 다음이 뭐죠? "건강을 잃는 것은 전부를 잃는 것이다." 인터넷에 많이 올라와 있어요. 그만큼 많은 분들이 공감한다는 거죠. 돈을 잃는 것, 명예를 잃고, 그리고 건강을 잃는 것이 우리 삶에 큰 아픔이 된다는 사실에 다들 공감한다는 증거입니다.

그런데 성경이 말하기를, 더 아픈 게 있어요. 더 심각한 상실을 초래하는 게 있다는 거예요. 그게 바로 죄입니다. 죄야말로 우리 삶에 정말 큰 아픔, 정말 뼈아픈 상실을 초래합니다. 그래서 성경은 죄를 심각하게 바라봅니다. 단지 하나님 말씀을 어기는 것이기 때문이 아닙니다. 단지 하나님의 영광을 가리기 때문만도 아닙니다. 물론 그런 이유도 있지만, 성경이 죄를 심각하게 여기는 것은 그런 교과서적인 이유만은 아닙니다. 훨씬 실제적인 이유가 있는데, 죄가 우리에게 상실을 초래하기 때문입니다. 죄가 우리 삶에 소중한 것들을 앗아가요. 그래서 성경은 죄를 심각하게 바라보고, 우리한테도 죄를 심각하게 여길 것을 가르칩니다.

이제 본론으로 들어가서, 그렇다면 죄가 우리에게서 앗아가는 게 도대체 무엇인가? 죄가 우리 삶에 초래하는 상실이라는 게 구체적으로 무엇인가? 이것이 오늘 설교의 중심입니다. 묵상하실 때 죄의 심각성을 알고, 죄를 멀리하는 삶이 되기를 바랍니다.

1. 우리의 아름다움을 앗아가는 죄

우선 첫째, 아름다움입니다. 죄가 우리의 아름다움을 앗아갑니다. 오늘 본문이 그거예요. 13절에 "그들의 목구멍은 열린 무덤이요." 우리 목구멍이 무엇과 같다? 무덤 같다는 거예요. 아름다움을 잃은 모습을 묘사합니다. "그 혀로는 속임을 일삼으며 그 입술에는" 무엇이 있고? "독사의 독이 있고." 무덤도 그렇고, 독사의 독도 그렇고, 이 땅에서 가장 흉측한 것들입니다. 죄가 우리를 그렇게 흉측하게 만든다는 겁니다.

원래는 그렇지 않았어요. 원래 사람은 참 아름다운 존재로 지음 받았습니다. 찬양 중에 이런 가사가 있었어요. "천사도 흠모하는 아름다운 그 모습." 하나님에 관한 찬양이 아니라, 우리 사람에 관한 찬양입니다. 사람이 그렇게 아름답다는 거예요. 천사도 흠모할 만큼. 물론 섬기는 사람에 관한 가사이지만, 사람 자체가 아름답습니다.

설교 준비하면서 교역자들에게 부탁을 했어요. 혹시 사람의 아름다움에 관한 자료가 있으면 소개해 주세요. 그랬더니 금방 답이 오는데 한 분이 아가서를 소개해줘요. 목사님, 아가서 한 번 읽어보세요. 그래서 찾아 봤어요. 아름다움이 나와요. 아가서 4장 1절에 "내 사랑 너는 어여쁘고도 어여쁘다 너울 속에 있는 네 눈이 비둘기 같고 네 머리털은 길르앗 산기슭에 누운 염소 떼 같구나." 사람이 이렇게 예쁘다는 거예요.

3절은 더 강해요. "네 입술은 홍색 실 같고 네 입은 어여쁘고 너울 속의 네 뺨은 석류 한 쪽 같구나." 아가서는 사랑의 노래입니다. 사랑에 빠져서 그렇기도 하지만, 여하튼 사람이 아름다워요. 11절도 좋아요. "내 신부야 네 입술에서는 꿀방울이 떨어지고 네 혀 밑에는 꿀과 젖이 있고 네 의복의 향기는 레바논의 향기 같구나." 이렇게 성경은 사람이 아름답다고 노래합니다.

그런데 조금 있으니까 다른 교역자한테 문자가 와요. 목사님 이거 한번 보세요. 열어보니 안치환의 "사람이 꽃보다 아름다워." 혹시 그 노래 아시나요? 그런 노래가 있어요. 사람이 꽃보다 아름다워. 누구라고 말씀은 안 드리는데, 교역자라고 다 같은 건 아니더라고요. 어떤 분은 사람의 아름다움을 성경에서 찾고, 또 어떤 분은 유행가에서 찾아요. (성도들 웃음) 어쨌거나 사람이 아름다운 건 분명합니다. 성경도, 유행가도 공히 사람의 아름다움을 노래합니다. 사람이 아름답다!

그런데 안타깝게도 그 아름다움을 일그러지게 만드는 게 있으니, 그게 바로 죄입니다. 죄가 사람을 일그러지게 만듭니다. 성경이 선언하기를, 죄인의 목구멍은 열린 무덤과 같다는 거예요. 당시 무덤은 바위를 깎아서 만든 게 많았는데, 그 속에 시체가 썩어갑니다. 악취가 나고, 시체는 문드러지고. 끔찍한 광경이죠. 그런데 죄인의 목구멍이 그와 같다는 겁니다. 목구멍은 원래 밥 넘어가는 곳이잖아요. 우리 몸에서 제일 깨끗해야 하는 곳인데, 죄가 들어오니 시체가 썩어가는 악취가 나는 무덤과 같더라.

또 죄인의 입술에는 독사의 독이 흐른다고 선언합니다. 아가서는 이렇게 노래했었죠. "내 신부야 네 입술에서는 꿀방울이 떨어지고 네 혀 밑에는 꿀과 젖이 있고 네 의복의 향기는 레바논의 향기 같구나." 그런데 죄가 들어오니 입술에 뭐가 흘러요? 독사의 독이 흘러요. 죄가 일그러뜨린 우리의 모습입니다. 죄가 우리를 이렇게 흉측하게 만든다는 거예요. 물론 이게 우리 눈에 잘 안 보입니다. 왜냐하면 죄로 인해 우리의 눈도 썩어버렸습니다. 오늘 본문에는 안 나오지만, 성경이 우리 민족의 정서를 반영했더라면 눈은 썩은 동태눈이 되어 있다고 표현했을 수도 있습니다. 그런데 죄는 우리의 눈동자의 아름다움마저 앗아갑니다.

어떤 분은 세월이 사람의 아름다움을 앗아간다고 생각합니다. 늙음이 사람을 그렇게 만드는 거라고. 그래서 제가 존경하던 한 권사님은 생화를 싫어하셨습니다. 꽃은 좋아하지만 생화를 싫어해요. 이유가 생화는 시든다고. 꽃이 시들어가는 걸 보면 꼭 늙어가는 자신을 보는 것 같다고, 그래서 생화를 거절하셨어요. 그런데, 제가 보기에 그분은 연세가 드셨어도 참 예뻤어요. 사람의 아름다움은 단지 주름 없는 평평함은 아닙니다. 사람의 아름다움은 주름보다 훨씬 깊습니다.

정말로 사람을 일그러뜨리는 것은, 세월이 아니라 죄입니다. 진정한 아름다움은 내면의 아름다움입니다. 육신의 아름다움을 넘어 영혼의 아름다움이요, 표피적인 아름다움을 넘어 근원적인 아름다움입니다. 흔히 말하듯 사람의 아름다움은 피부보다는 내면의 아름다움입니다. 그런데 죄가 이걸 앗아가요. 죄가 우리에게서 내면의 아름다움을 앗아가고 결과로 우리를 흉측하게 만듭니다. 그런데 죄인들은 이걸 잘 몰라요. 죄로 인해 눈마저 시력을 잃어버렸기 때문에. 주께서 우리의 눈을 밝혀

주셔서 죄의 흉측함을 보게 되기를 바랍니다. 그래서 죄를 멀리 하게 되기를 주의 이름으로 축원합니다.

2. 우리의 존귀함을 앗아가는 죄

한 걸음 나아가 죄가 또 무엇을 앗아가는가? 둘째는 존귀함입니다. 아름다움보다 더 빛나는 우리의 존귀함. 아름다움보다 더 보석 같은 존귀함. 죄가 우리의 존귀함을 앗아갑니다. 사랑하는 성도 여러분, 성경을 믿으십니까? 아멘. 그렇다면 사람을 존귀하게 여기시기 바랍니다. 사람은 외양적인 조건에 상관없이 모두가 존귀한 존재들입니다. 성경은 그렇게 가르칩니다. 사람은 존귀하다. 빈부에 상관없이, 장애와 상관없이, 사람은 모두가 존귀합니다.

세상도 그렇게 생각하는 거 같아요. 세상이 인간의 존엄성이란 말을 많이 쓰는 것은 그만큼 사람을 존귀하게 여긴다는 의미일 겁니다. 그런데 성경이 생각하는 존귀함과 세상이 생각하는 존귀함은 그 깊이가 전연 다릅니다. 제가 보기에, 세상이 생각하는 인간의 존귀함은 그 깊이가 너무 얕습니다. 단적인 예가 진화론입니다. 진화론은 옳고 그름을 떠나서, 사람의 존귀함을 너무 가볍게 봅니다. 일반 동물하고 사람을 연장선에 놓습니다. 진화 라인을 통해 동일선상에 놓아요. 심지어 미생물까지 그렇게 합니다. 사람의 존귀함을 멸시하는 처사라고 생각합니다.

성경은 그렇게 생각하지 않습니다. 성경은, 사람의 존귀함은 다른 짐승과는 전혀 다르다고 가르칩니다. 성경에 의하면 사람은 다른 동물과는 불연속적으로 다르고, 도무지 비교할 수 없을 만큼 존귀한 존재입니다. 창세기 1장 27절 "하나님이 자기 형상 곧 하나님의 형상대로 사람을 창조하시되 남자와 여자를 창조하시고." 하나님의 형상이라는 말은 매우 두려운 말입니다. 존귀함의 깊이가 묵직하고 심지어 두려운 단어인데, 다른 동물이나 짐승에는 이 표현을 쓰지 않아요. 오직 사람에게만 이 형상이라는 말을 붙입니다. 오직 사람만이 하나님의 존귀한 형상대로 지음 받은 존귀한 존재이기 때문입니다.

심지어 시편 8편은 이렇게 노래합니다. 4절에 "사람이 무엇이기에 주께서 그를 생각하시며 인자가 무엇이기에 주께서 그를 돌보시나이까." 5절은 같이 읽습니다. "그를 하나님보다 조금 못하게 하시고 영화와 존귀로 관을 씌우셨나이다." 여기서 눈여겨보아야 할 대목이 있는데, "하나님보다 조금 못하게 하시고." 엄청난 선언입니다. 풀어서 읽으면, 하나님에 버금가는 존재로 지으셨다는 의미입니다. 다른 짐승과는 비교할 수 없이 존귀하다는 겁니다. 비길 수 있다면 사람은 짐승들보다 차라리 하나님에 버금가는 존재라는 말입니다. 그만큼 우리 사람이 존귀한 존재이고, 그렇게 지음 받았다는 의미입니다.

어떤 신학자는 형상을 대리자 혹은 재상으로 해석합니다. 창조주 하나님이 우리 사람을 지으실 때, 당신의 대리자 혹은 재상으로 지으셨다는 의미입니다. 그러고 보면 정말 그래요. 하나님이 사람을 지으시고는 온 세상을 다스리게 하셨습니다. 마땅히 하나님이 다스려야 할 세상을 우리에게 맡기신 겁니다. 그만큼 우리 사람이 존귀한 존재이고, 그렇게 지음 받았다는 말입니다.

그런데, 안타깝게도 이 존귀함을 망쳐놓는 것이 있어요. 바로 죄입니다. 죄가 우리의 존귀함을 일그러뜨려요. 창세기 3장 8절에 "그들이 그 날 바람이 불 때 동산에 거니시는 여호와 하나님의 소리를 듣고 아담과 그의 아내가 여호와 하나님의 낯을 피하여 동산 나무 사이에 숨은지라." 죄가 들어온 직후의 상황을 묘사하는데, 존귀함을 잃은 사람의 모습입니다. 존귀한 사람은 나무 뒤에 숨고, 이러지 않거든요. 죄가 이렇게 만든 거예요. 죄가 들어오자 하나님과의 관계가 일그러지고, 우리 안에 있는 존귀함이 상처를 입어요.

12절도 같이 읽겠습니다. "아담이 이르되 하나님이 주셔서 나와 함께 있게 하신 여자 그가 그 나무 열매를 내게 주므로 내가 먹었나이다." 비겁하게 아내한테 죄를 떠넘기는 모습인데,

존귀한 사람은 이러지 않아요. 이런 치졸한 변명을 입에 담지 않아요. 아담이 왜 이렇게 되었느냐? 죄가 이렇게 만들었어요. 죄가 사람을 초라하게 만들어요. 존귀함을 잃은 죄인의 모습은 너무 초라하고 안타깝고, 심지어 천해 보입니다. 죄가 그렇게 만드는 겁니다.

많은 분들은 돈이 사람을 귀하게 만든다고 생각합니다. 혹은 높은 지위가 그렇게 만든다고 생각합니다. 일정 부분 그렇기도 합니다. 그러나 진정한 존귀함은 거기에 있지 않아요. 성경은 말하기를, 사람 안에 있는 거룩함이 사람을 존귀하게 만듭니다. 창조주께서 우리 안에 주신 거룩함이 우리를 만물 위에 존귀한 존재로 만듭니다. 그런데 죄가 그것을 앗아가요.

언젠가 우리의 눈이 밝아올 때, 두 가지 사실에 놀라게 될 것입니다. 먼저 나 자신이 정말로 존귀한 존재라는 사실에 놀랄 겁니다. 다음으로 내가 죄를 범할 때마다 그 존귀함이 얼마나 깊은 상처를 입었는지를 보면서 놀라게 될 것입니다. 죄가 우리의 존귀함에 상처를 입힙니다. 죄가 우리의 지갑은 채워줄 수 있을지 몰라도, 죄는 우리의 존귀함을 앗아갑니다. 죄가 우리의 육체적인 쾌락은 찰나적으로 느끼게 해줄지 몰라도, 죄는 우리의 거룩함에 상처를 입히고, 그래서 우리의 존귀함을 앗아갑니다. 죄를 심각하게 바라보는 성도들이 되시기 바랍니다.

3. 우리의 생명을 앗아가는 죄

마지막으로, 죄가 우리에게서 앗아가는 게 무엇인가? 죄가 우리 삶에 초래하는 상실이 또 무엇이 있는가? 생명입니다. 죄가 우리의 생명을 앗아갑니다. 성경이 죄를 심각하게 생각하는 가장 큰 이유가 이겁니다. 죄가 우리의 생명을 앗아가기 때문입니다.

창세기 2장 16절에 "여호와 하나님이 그 사람에게 명하여 이르시되 동산 각종 나무의 열매는 네가 임의로 먹되." 17절은 같이 읽습니다. "선악을 알게 하는 나무의 열매는 먹지 말라 네가 먹는 날에는 반드시 죽으리라 하시니라." 이 구절에 관해 오해가 있어요. 선악과를 먹는 날에는 반드시 죽는다고 했는데, 왜 안 죽느냐? 하나님이 말씀하시길, "반드시 죽으리라" 하셨는데 왜 안 죽었느냐? 답을 드리면, 죽습니다. 아담이 죽어요. 보다 정확히 말하면, 이 날 아담에게 죽음이 임합니다. 그의 몸에 죽음이 시작되었습니다.

성경의 생명관을 아셔야 하는데, 성경은 사람의 생명이 사람 안에 있다고 보지 않아요. 대신 사람의 참된 생명은 오직 하나님 안에 있다고 봅니다. 다른 말로, 성경은 생명을 개별성이 아니라 관계성으로 봅니다. 의학은 생명이 개별적이라고 가르칩니다. 내 심장이 뛰고, 내 폐가 호흡하고, 내 신진대사가 잘 돌아가면 생명이고, 그게 멈추면 죽음이라고 가르칩니다. 의학적인 생명관인데, 경험적으로 크게 틀린 것 같지 않습니다. 그런데 성경의 생각은 그보다 깊습니다. 성경은 생명을 개별성이 아니라 관계성 혹은 연결성으로 봅니다. 생명은 오직 하나님 안에 있고, 우리는 그 생명에 연결된 존재라는 겁니다.

나무와 가지의 비유가 성경적인 생명관을 잘 요약합니다. 꺾어진 가지는 살아있는 걸까요, 죽은 걸까요? 꺾어져서 줄기에서 떨어진 가지는 살아있는 걸까요, 죽은 걸까요? 생기는 남아있지만, 이미 죽음이 시작되었다고 봐야 합니다. 생명의 근원인 줄기에서 떨어져 있기 때문입니다. 물기가 있고 생기도 있는 듯하지만, 이미 죽음이 시작되었고 이미 죽음이 임한 겁니다. 우리의 생명이 그렇다는 거예요. 모든 생명의 근원은 하나님이시요, 그분과 연결되어 있으면 살아있는 것이고, 연결이 끊어지면 죽음이 시작됩니다.

그래서 성경은 죄를 심각하게 봅니다. 죄가 이 연결을 끊어놓기 때문입니다. 죄가 나와 하나님 사이의 연결을 끊어놓습니다. 그래서 성경은 죄를 심각하게 봅니다. 들키지 않더라도, 세상은 대수롭지 않게 생각하는 일이라 하더라도, 나와 하나님과의 관계에 상처를 입힐 수 있어요. 심지어 그것이 나를 하나님으로부터 단절시킬 수 있어요. 그래서 성경은 죄를 결코 가벼이 대할 수가 없어요. 죄가 하나님과 나 사이의 관계를 파괴하고, 죄가 생명의 근원이신 하나님에게서 나를 분리시키기 때문입니다.

결론 - 죄를 두려워하고, 예수를 붙들게 하소서

오늘의 말씀은, 죄는 심각하다. 이 땅에서 우리 생명을 가장 근원적으로 위협하는 요소는, 질병보다도 죄요, 환경오염보다도 죄입니다. 어두운 말씀이었는데, 마음에 새겨 두시기 바랍니다.

그런데 이 어두운 말씀을 주일에 묵상할 수 있는 이유가 있어요. 대책이 있기 때문입니다. 그 이름도 아름다운 예수 그리스도십니다. 그분이 있기에 이 어둔 말씀을 자신 있게 묵상할 수 있습니다. 우리의 죄가 참 무겁고 심각하지만, 그보다 더 무거운 것이 있으니 예수 그리스도. 그분의 십자가가 우리를 죄에서 정결하게 할 것입니다. 그분의 십자가가 우리의 아름다움을 회복시키고, 우리의 존귀함과 생명, 우리가 잃어버린 하나님을 우리에게 회복시켜 줄 것입니다. 죄는 두려워하지만, 십자가 앞에서 담대하게 살아가는 행복한 인생 되시기를 주님의 이름으로 축원합니다. 아멘.

복음 XI

예수 복음, 죄인의 희망

(롬 3:19-31)

서론 - 예수 복음이 죄인의 희망이 되는 이유

오늘의 말씀은, 예수 복음, 죄인의 희망! 설교 제목이 무슨 구호 같죠? 예수 복음, 죄인의 희망! 내용을 풀면, 예수 복음이 죄인의 희망이 된다는 메시지입니다. 보다 정확히는, 오직 예수 복음만이 죄인에게 희망이 된다.

오늘 설교는 죄인을 위한 말씀입니다. 죄가 없으신 분들은 안 들으셔도 돼요. 대신 나는 죄인입니다! 나는 연약한 죄인입니다. 이 고백이 있는 분들을 위한 말씀이 되겠습니다. 혹시 죄가 없는 분들은 이제 그만 집에 가셔도 되겠습니다. 이런다고 진짜 일어나면 곤란하죠. 23절 같이 읽습니다. "모든 사람이 죄를 범하였으매 하나님의 영광에 이르지 못하더니."

모든 말씀이 그렇지만, 오늘 말씀도 우리 모두를 위한 말씀입니다. 왜냐하면, 우리 모두가 죄인이기 때문입니다. 내가 죄인이라는 사실을 아는 사람도 죄인이고, 마음이 둔해서 모르는 사람도 죄인이고, 모든 사람이 죄인입니다. 그런 의미에서 설교 제목을 예수 복음, 우리 모두의 희망으로 바꾸어도 좋아요.

오늘의 핵심구절은 21절입니다. 오늘은 이 한 구절 이해하시면 돼요. 같이 읽습니다. "이제는 율법 외에 하나님의 한 의가 나타났으니 율법과 선지자들에게 증거를 받은 것이라." 20세기 최고의 설교자 가운데 한 분으로 꼽히는 로이드 존스 목사님은 로마서를 설교하면서 3장에서 시작하셨습니다. 설교는 보통 1장에서 시작하는데, 이분은 3장에서 시작했어요. 이유를 물으니, 마음이 급해서라고 하셨습니다. 3장이 너무 좋아서, 빨리 설교하고 싶어서, 그래서 1-2장은 제치고 3장에서 시작했대요.

그만큼 무게감이 있는 말씀입니다. 많은 분들이 복음의 진수가 여기에 있다고 고백하는 대목입니다. 묵상하실 때 복음의 진수, 복음의 영광을 깨닫는 귀한 시간이 되기를 바랍니다. 예수 복음이 죄인의 희망이 되는 이유가 무엇인가? 예수 복음만이 우리 같은 죄인의 희망이 되는 이유가 무엇인가?

1. 율법 바깥으로 난 구원의 길 - 우회로

첫째, 율법 바깥으로 난 구원의 길이기 때문입니다. 율법 어디로? 율법 바깥으로, 율법 안쪽이 아니라 바깥으로. 21절 전반부 내용입니다. "이제는 율법 외에 하나님의 한 의가 나타났으니." 짤막한 본문이지만 워낙 무게감이 있어서 반으로 나누어 묵상할 필요가 있어요. 전반부가 이겁니다. "이제는 율법 외에." 다른 말로, 율법 바깥으로.

기본적으로 복음은 구원의 길을 탐구합니다. 어떻게 하면 죄인이 구원에 이를 수 있을까를 탐구하는데, 복음이 제시하는 구원의 길은 율법 바깥으로 난 길입니다. 다시 말해, 우회로입니다. 뒷길이라고 해도 좋아요. 원래는 안 되는 길, 정식 길이 아니라 율법을 우회하는 길이라는 의미입니다. 예수 복음은 그런 길이고, 그래서 죄인의 희망이 됩니다. 정식 길로는 죄인이 갈 수가 없어요. 갈 수 있으면 죄인이 아니죠. 예수 복음은 새로운 방향으로 구원의 길을 개척했는데, 율법 바깥으로입니다.

율법의 존재는 죄인에게는 일종의 애증 관계입니다. 가고 싶지만 갈 수 없는 길이고, 가야하지만 도무지 안 되는 길이 율법입니다. 더러 그런 길이 있잖아요. 눈앞에 두고도 못 가는 길. 너무나 가고 싶어도 도무지 못가는 길. 죄인에게는 율법이 그렇습니다. "내가 거룩하니 너희도 거룩하라." 하나님이 거룩하시니 우리도 거룩하라는 명령인데, 율법이 소개하는 구원의 길입니다. 그런데 답답한 것이, 길은 맞지만 갈 수가 없어요. 말은 맞아도, 행할 수가 없어요.

마음은 원이로되 육신이 약하기 때문입니다. 그래서 죄인이죠. 행할 수 있으면 죄인이 아니잖아요. 마음은 원이지만 죄인의 육신이 너무 약해요. 사실 죄인은 육신만 약한 게 아니고, 마음도 약해요. 마음도 죄에서 자유롭지 못합니다. 마음으로 짓는 죄도 많아요. 여하튼, 죄인에게 율법은 그림의 떡이요, 무용지물이에요. 눈앞에 두고도 갈 수 없는 길입니다.

20절이 그 배경에서 나왔습니다. "그러므로 율법의 행위로 그의 앞에 의롭다 하심을 얻을 육체가 없나니 율법으로는 죄를 깨달음이니라." 하나님이 율법을 우리에게 주실 때는 구원의 길로 주셨는지 몰라도, 실상 우리에겐 그러질 못합니다. 그저 속만 아픈 길이 되었어요. 마음은 있어도 행할 수가 없으니까. 구원 역사에 있어서 율법의 딜레마가 여기에 있습니다. 길은 길인데 갈 수 없는 길, 뚫린 것 같으면서도 사실은 막힌 길입니다. 죄인을 위해 주어졌지만, 정작 죄인은 갈 수 없는 길. 율법 앞에서 죄인이 처한 현실입니다.

그런데 21절에 "이제는." 로이드 존스 목사님이 굉장히 좋아한 단어입니다. 이 한 단어로 거의 설교 한 편이 나왔다고 해요. 새로운 시작을 알리는 단어입니다. 죄인을 위해 열린 새로운 길을 알리는 단어입니다. 상황이 달라졌다는 거예요. 예전에는 막힌 길이었고, 예전에는 도무지 갈 수 없는 길이었는데, 이제는 새로운 길이 열렸어요. 율법 어디로? 바깥으로. 율법을 우회하는 새로운 구원의 길이 열렸으니, 그게 바로 예수 복음입니다.

로마서가 은혜가 되는 사람은 대체로 노력해 본 사람입니다. 성도로서 제대로 살아보려고 애쓴 사람들. 열심히 살아 보려고 애를 썼는데, 잘 안 되어서 낙심한 사람들. 내가 죄인이구나, 이걸 뼈저리게 깨달은 분들. 이런 분에게 로마서가 은혜가 됩니다. 애초에 고민도 없는 분에게는, 이게 그냥 복잡하고 메마른 말씀으로 보일 수도 있어요.

여러분은 어느 쪽이신지요? 제대로 살려고 애를 써본 쪽인가요, 아니면 별 생각 없이 고민 없이 살아온 분인가요? 어느 쪽이든 사실 크게 상관은 없어요. 아는 죄인도 죄인이고, 모르는 죄인도 죄인이라고 했는데, 노력도 마찬가지입니다. 제대로 살려고 애를 쓴 사람도도 죄인이고, 별 고민도 없이 맘 편히 살아온 사람도 죄인이고. 모두가 죄인입니다. 어차피 막힌 길입니다. 그런데 성경이 선포하기를, 그러나 이제는! 그러나 이제는 죄인에게도 희망이 생겼어요. 죄인도 걸을 수 있는 구원의 길이 열렸으니, 율법 어디로? 바깥으로. 거룩한 율법 바깥으로. 그게 예수 복음이고, 그래서 죄인의 희망이 됩니다.

2. 율법의 인정을 받는 구원의 길 – 뒤탈 없는 길

한 걸음 나아가 예수 복음이 죄인의 희망이 되는 이유 둘째는, 율법의 인정을 받는 길이기 때문입니다. 다른 말로, 뒤탈이 없는 길이라는 말입니다. 율법에 저촉되지 않는 길이라는 말입니다. 21절 후반부에 "율법과 선지자들에게 증거를 받은 것이라." 율법과 선지자는 합쳐서 율법이라고 보시면 됩니다. 구약성경을 통칭하는 말입니다. 성경을 통칭할 때 간단히는 율법이라고 부르고, 길게는 율법과 선지자라고 부릅니다. 내용인즉, 율법 바깥으로 구원의 길이 나타났다고 했는데, 율법이 그 길을 인정한다는 말입니다. 율법이 이의를 제기하지 않고, 괜찮다고 율법에 저촉되지 않는다고 인정해 준다는 겁니다.

이게 사실 쉽지 않은 대목인데, 앞서 예수 복음의 길은 율법 바깥으로 났다고 했습니다. 율법을 관통하지 않고 우회해서 비켜간 거예요. 그러면 나중에 탈이 날 수 있잖아요. 당장에는 기분이 좋아도 나중에 문제가 될 수 있어요. 대학이 아무리 좋아도 편법으로 입학시켜 놓으면, 당장은 기분이 좋아도 나중에 문제가 불거질 수 있잖아요. 구원도 그래요. 아무리 구원이 좋아도 편법으로 구원해 놓으면, 당장은 마음이 편해도 나중에 문제가 될 수 있습니다.

우회로에는 그런 위험부담이 있습니다. 그런데 예수 복음은 율법을 우회하면서도 탈이 안 나요. 율법을 비켜갔지만 율법이 인정한다는 거예요. 예수 복음이 그래요. 그게 어떻게 가능하냐? 바로 셋째로 넘어갑니다. 예수 복음의 진짜 비밀이 여기에 있어요.

3. 예수님이 틈을 메운 길이기 때문에

예수 복음이 죄인의 희망이 되는 이유 세 번째는, 예수님이 몸으로 틈을 메워주신 길이기 때문입니다. 예수님이 틈을 메워주신 길이라는 거예요. 거칠게 표현하면, 예수님이 몸으로 때워주신 길이기 때문에, 그래서 뒤탈이 없고, 그래서 예수 복음이 죄인의 희망이 됩니다.

21절은 하나의 모순 구절입니다. 두 부분으로 나누었는데, 앞부분과 뒷부분이 사실 모순입니다. 앞부분은 예수 복음이 율법 바깥으로 났다고 선언했는데, 뒷부분은 그 길을 율법이 인정한다고 선포합니다. 엄밀히 따지면 이 둘이 한 자리에 있기가 어려워요. 율법을 우회한다면 율법의 인정을 받을 수가 없고, 또 율법의 인정을 받으려면 율법을 우회해서는 안 되기 때문입니다. 모순 구절인데, 로마서는 이 둘을 한 자리에 놓습니다. 이게 가능한 것이, 틈을 메워주신 분이 계시기 때문입니다. 그 이름도 아름다운 예수 그리스도십니다.

25절에 "이 예수를 하나님이 그의 피로써 믿음으로 말미암는 화목제물로 세우셨으니." 21절의 선언이 가능한 기초가 여기에 있어요. 화목제물은 원수 되었던 둘을 화목하게 하는 제물이라는 의미인데, 틈을 메워주는 제물이라고 불러도 좋아요. 율법을 지키지 못한 죄인을 의로운 구원으로 인도하는 제물입니다. 율법의 요구를 충족시키지 못한 죄인을, 그럼에도 불구하고 거룩한 주의 자녀로 만들어준 회복의 제물이 있으니, 그게 바로 예수 십자가입니다.

예수님이 십자가에서 구원의 대가를 치러주셨습니다. 그 틈을 메워주셨습니다. 그래서 예수 복음이 죄인의 희망이 됩니다. 오직 예수 복음만이 죄인의 희망이 됩니다. 의인이라면 다른 길을 찾아도 좋아요. 죄가 없는 의인이이라면, 율법으로 충분해요. 의로운 삶을 살아서, 율법을 지켜서 구원에 이르면 됩니다. 그런데 죄인이라면, 희망은 오직 예수뿐입니다. 의를 행할 수 없는 죄인이라면, 그럼에도 불구하고 구원에 이르고자 하는 죄인이라면, 기댈 곳은 오직 예수뿐입니다. 죄인의 희망은 오직 예수!

4. 예수 믿으세요.

그래서 결론이 뭐냐? 사랑하는 성도 여러분, 예수 믿으세요. 오늘 이게 결론이에요. 다른 데 기웃거리지 말고, 오직 예수 믿으세요. 아무리 심오한 종교, 아무리 깊은 사상이 있어도, 오직 예수 믿으세요. 깊은 사상이 우리를 구원하는 게 아니에요. 심오한 이론이 우리를 구원하는 게 아닙니다. 죄인을 구원하는 것은 대가입니다. 죄인을 구원하는 것은 희생입니다.

인간이 만든 종교와 예수 복음의 근본적인 차이가 여기에 있습니다. 세상 모든 종교는 표지판 종교입니다. 교통 표지판이 서울 가는 길을 가리키듯이, 어떻게 하면 구원에 이를 수 있는지를 가리키기만 해요. 그런데 예수 복음은 달라요. 표지판을 넘어 대가를 치러 줍니다. 손가락으로 방향을 가리키는 걸 넘어서 우리를 대신하여 십자가에 달려 주십니다. 그래서 예수 복음만이 죄인에게 희망이 됩니다. 우리한테 필요한 건 교통 표지판이 아닙니다. 우리한테 필요한 건 선생이 아니에요. 많은 종교들이 구원자를 강단에서 찾아요. 진리의 말씀을 전해주는 선생에서 찾아요. 그런데 죄인에게 정말로 필요한 건 선생이 아니라 희생제물입니다. 지식이 아니라 대가입니다.

세계 종교 역사에 예수님은 매우 독특한 존재입니다. 신이라면서 죽은 분입니다. 자기가 하나님의 아들이라고 하면서 죽었어요. 그것도 죄인으로 몰려서 비참한 죽임을 당했습니다. 그 모습을 보고 '놀라는' 사람도 있고, '놀리는' 사람도 많았어요. 우리 예수님같이 귀한 분이 십자가에 달리시다니, 하며 놀라는 사람도 많았지만, 한편으로는 제 한 몸도 구원하지 못하는 자가 어찌 우리를 구원하랴, 하며 놀리는 사람도 많았어요. 십자가 앞에서 사람들이 그렇게 주님을 놀렸습니다. "네가 정말 메시아거든 십자가에서 내려오라. 그러면 믿겠노라." 그래도 예수님은 묵묵히 거기서 죽음을 맞이하셨어요.

많은 사람들이 비웃었어요. 자기 한 몸 구원하지 못하는 사람이 어떻게 다른 사람을 구원하겠어? 그런데 사실을 알면 이게 얼마나 무식한 소린지 몰라요. 예수님이 십자가에 달리신 것은 약한 분이어서 그런 게 아닙니다. 그분이 바보여서 끝까지 거기 달려 있었던 게 아닙니다. 우리를 구원할 유일한 길이 그 길임을 아셨기 때문에 끝까지 달려계셨습니다. 아파도 참고, 힘들어도 끝까지 버티셨습니다. 내려오는 순간 우리의 구원이 끝나기 때문입니다. 내려오는 순간 우리의 희망이 사라지기 때문입니다. 우리를 위해 끝까지 십자가에서 버텨주신 주님의 은혜에 감사를 드립니다.

우리한테 필요한 것은 제 한 몸 구원하는 똑똑이가 아니라, 우리를 위해 제 한 몸 십자가에 던져주시는 바보 예수입니다.

언변 좋은 탁월한 선생이 아니라, 몸소 피 흘려 대가를 치러주는 희생의 예수가 우리의 구원자입니다. 온갖 수모와 고통, 조롱 속에서도 끝까지 십자가에서 버텨준 거룩한 맷집의 예수, 그 이름도 아름다운 예수 그리스도. 그분이 진정 죄인의 희망, 우리의 구원자입니다. 그 이름을 붙드는 자가 진정한 구원을 얻을 것입니다. 사랑하는 성도 여러분, 지금도 그러시지만 예수 믿으세요. 오직 예수 믿으세요.

5. 하나님의 의

눈여겨보아야 할 대목이 있는데, "하나님의 의"입니다. 얼핏 지나칠 수도 있는데, 복음의 핵심을 담고 있는 문구입니다. 우리의 의가 아니라, 하나님의 의입니다. 나의 의가 아니라, 하나님의 의. 여기에 복음이 있습니다.

인간이 만든 종교는 구원의 의가 내 안에서 나온다고 생각합니다. 내 안에서 나와야 한다고 생각해요. 그래야 정당한 구원이라고, 내가 행한 나의 의로 내가 구원을 받아야 한다고 생각합니다. 공양미 삼백 석을 드리든, 100일 수양을 하든, 나의 땀과 나의 수양과 나의 애씀으로, 통칭해서 나의 의로 구원에 이른다고 생각해요. 그게 사람이 만든 종교의 기본 원칙입니다.

그래서 인간이 만든 종교는 죄인을 구원할 수 없어요. 말은 그럴싸한데 이래서 인간이 만든 종교는 죄인에게는 무용지물입니다. 내 안에 의가 없는데 어떻게 나의 의로 구원을 받겠어요? 나는 죄인인데, 의롭지 않은 죄인인데, 자꾸 나더러 나의 의를 만들어내라면 애초에 불가능한 길을 가라는 억지일 뿐입니다. 그런데 복음은 달라요. 예수 복음은 나의 의가 아니라 하나님의 의로 구원을 선포합니다. 내 안에서 나온 의가 아니라, 하나님이 선물하신 의로 우리에게 구원을 선물합니다. 그게 바로 예수님의 십자가입니다.

예수님의 십자가가 그렇게 잔인했던 이유는, 우리를 위해 온전한 의를 만들기 위함이었습니다. 우리를 위해 치러야 할 대가가 그만큼 컸기 때문입니다. 우리의 죄보다 더 큰 고통을 당하신 주님. 우리에게 아무런 하자 없는 구원을 선물하시기 위해, 그래서 그 잔인하고도 혹독한 고통을 당하셨습니다. 그래서 우리에게 넘치도록 풍성한 하나님의 의를 선물해 주셨고, 그것이 우리를 구원에 이르게 할 것입니다.

결론 - 예수 복음, 죄인의 희망!

말씀을 맺습니다. 오늘의 말씀은, 예수 복음, 죄인의 희망! 성도 여러분, 예수 믿으세요. 의인이라면 다른 길을 찾아도 좋아요. 그러나 죄인이라면, 오직 예수 믿으세요. 마음은 원이로되 육신이 약한 죄인이라면, 오직 예수! 오직 십자가! 예수 믿고 구원 받으시는 복된 성도들 되시기를 주님의 이름으로 축원합니다. 아멘.

복음 XII
구원이 공짜인 이유
(롬 4:1-8)

서론 · 우리의 구원이 공짜인 이유는?

오늘의 말씀은 공짜입니다. 공짜면 양잿물도 마신다는 매력적인 공짜. 공짜 싫어하는 사람은 잘 없어요. 어감이 다소 경박한데, 경건한 말로 바꾸면 뭐가 될까요? 공짜를 성경 언어로 고치면, 은혜입니다.

4절에 "일하는 자에게는 그 삯이 은혜로 여겨지지 아니하고 보수로 여겨지거니와." 일하는 자에게는 월급이 공짜가 아니라 정당한 대가라는 의미입니다. 이걸 구원의 영역으로 가져오면, "일하는 자에게는" 다른 말로, 구원을 위해 무언가 한 일이 있는 사람에게는 구원이 은혜가 아니라, 정당한 보수라는 말입니다. 일한 것에 대한 대가로 주어지는 거니까. 은혜의 구원이 아니라, 이름 하여 보수로 얻는 구원입니다.

그런데 안 그런 사람이 있어요. 5절입니다. "일을 아니할지라도 경건하지 아니한 자를 의롭다 하시는 이를 믿는 자에게는 그의 믿음을 의로 여기시나니." 일을 아니할지라도. 다시 말해, 거룩하지 않아도 그럼에도 불구하고 구원을 받았습니다. 이 사람에게 구원은 보수가 아니라 뭐에요? 은혜입니다. 이름 하여, 은혜로 받는 구원입니다. 누구 이야기일까요? 성경이 말하기를, 아브라함의 이야기이고, 다윗의 이야기이고, 나아가 우리 모두의 이야기입니다. 이 땅에 구원을 보수로 받는 사람은 없어요. 다 은혜로 받습니다. 아브라함도 그랬고, 다윗도 그렇고, 우리는 말할 것도 없고, 구원은 공로가 아니라, 오직 주의 은혜로 받습니다.

이 시간 이 은혜를 묵상하려고 합니다. 은혜는 사실 우리에게 너무나 익숙한 단어입니다. 우리 신앙에서 믿음과 함께 가장 많이 쓰는 단어입니다. 그런데 때로 그래서 의미를 놓쳐요. 너무 익숙해서 의미를 놓쳐요. 예를 들어, 가족의 소중함도 그래요. 이걸 잘 느끼지 못할 때가 있는데, 멀리 있어서가 아니고, 너무 가까이 있어서 놓칩니다. 은혜도 그렇습니다. 너무 익숙한 말이라, 너무 자주 쓰는 말이라, 그 의미와 무게감을 놓치곤 합니다. 이 시간 은혜의 의미를 한번 정면으로 묵상하려고 합니다. 귀한 깨달음의 시간이 되기를 바랍니다. 묵상을 위해 이런 질문을 던집니다. 우리의 구원이 은혜인 이유가 무엇인가? 다른 말로, 우리의 구원이 공짜인 이유가 무엇인가?

1. 너무 비싸서 공짜

우선 첫째, 너무 비싸기 때문입니다. 우리의 구원이 은혜인 것은, 너무 비싸기 때문입니다. 싸구려라서 공짜가 아니에요. 물건이 허접해서 공짜로 주시는 게 아닙니다. 진실을 말하건대, 비싸요. 도무지 값을 매길 수 없을 정도로 비싸요. 값을 내라고 하면, 누구도 감당할 수 없을 만큼, 너무 비싸요. 그래서 구원이 공짜입니다.

인간의 본성이, 값이 싸면 왠지 의심부터 하는 경향이 있습니다. 지난해 미세먼지로 한창 고생할 때 마스크가 많이 팔렸습니다. 기이한 것이 비쌀수록 잘 팔렸다고 합니다. 어떤 분이 대박이 났다고 하잖아요. 중국에서 아주 싼 걸 들여와서 파는데, 어떤 분은 싸게 파는 전략을 썼고, 이분은 고가 전략으로 했대요. 결과를 보니 비싼 게 불티나게 나갔다고 하잖아요. 비싸야 좋은 줄 알고.

신앙에도 그런 심리가 작용하는 거 같습니다. 구원이 은혜라고 하니까 이게 잘 신뢰가 안 가나 봐요. 믿으면 무조건 구원

얻는다 하니까, 이거 사이비 아냐? 그런데 그렇지 않습니다. 주께서 구원을 공짜로 주시는 이유는, 우리에게 주시는 구원이 허접해서 그런 게 아닙니다. 이유인즉, 너무 비싸서. 값을 내라고 하면, 아무도 낼 수가 없어요. 그래도 주께서 주기는 줘야겠고, 주께서 고심 끝에 정한 가격이 공짜입니다. 그래서 구원이 은혜입니다.

그런 의미에서 구원의 은혜를 받는 합당한 자세는, 그 무엇보다 감사입니다. 감사로 받아야 합니다. 값을 치르려고 하는 건 무례가 될 수 있습니다. 치르려야 치를 수도 없어요. 어느 집 아들이 드디어 취업을 했어요. 취업이 참 어려운데 어렵사리 성공한 겁니다. 당사자도 기쁘지만 어머니가 너무 기뻤어요. 그동안 공부시키고, 뒷바라지 하느라 힘들게 키운 아들입니다. 뱃속에서 발을 차던 기억이 엊그제 같은데, 어느새 자라서 직장인이 되었으니 얼마나 기뻐요. 어머니가 속으로 '고맙다. 잘 자라줘서 고맙다.'

그런데 어느 날 사고가 터져요. 아들이 첫 월급을 받던 날 정성스레 저녁상을 차려놓고 기다리는데, 아들이 늦어요. 꽤 늦은 시간에 술이 약간 취한 아들이 들어오면서 어머니를 부릅니다. "엄마, 이리 와봐!" 어머니가 아들을 바라보니, 아들이 대뜸 하는 말이 "엄마, 얼마면 돼?" 이러는 거예요. 이게 무슨 말인가, 얼마라니? 그래서 쳐다보니 아들 왈, "엄마, 나 빚지고는 못 살거든. 엄마 내 성격 알잖아. 나 낳고 키워줘서 고마운데, 항상 빚지고 사는 느낌이었어. 이제 갚으려고. 얼마면 돼?"

처음엔 농담인 줄 알았어요. 그런데 아들이 정색을 하고는 "나 이제 예전의 내가 아니야. 나도 이제 돈 있어. 말해, 엄마. 얼마면 되냐고? 백 만원? 이백 만원? 이자 쳐서 이백 오십 정도면 돼?" 이 아들을 어떻게 해야 될까요? "아들, 그래도 오백은 줘야지. 내가 얼마나 고생했는데." 이럴까요? 아니죠. 이건 패야죠. 말이 필요 없어요. 무슨 말을 하겠어요? 그냥 비오는 날 먼지 나도록. 아니, 사실은 팰 가치도 없어요.

어머니의 사랑은 얼마일까요? 공짜입니다. 이유가 뭘까요? 너무 비싸기 때문에. 허접해서 공짜가 아닙니다. 어머니의 사랑은 돈으로 매길 수 없어요. 그걸 어떻게 돈으로 따져요? 아버지의 사랑도 마찬가지, 물론 아버지의 사랑은 좀 투박하죠. 표현도 잘 못하고. 그렇지만 아버지의 사랑도 못지않게 깊어요. 그래서 아버지의 사랑도 공짜입니다. 싸구려여서가 아니라, 너무 비싸기 때문에. 값으로 치르고자 한다면, 한국은행 돈을 다 갖다 줘도 안 되는 거예요. 그래서 부모님의 은혜요, 그래서 공짜입니다.

우리에게 임한 구원이 그래요. 주께서 우리에게 주신 구원이 그래서 은혜입니다. 우리의 구원을 위해 정말로 값비싼 대가가 지불되었습니다. 하나님이 외아들의 목숨을 내어주셨습니다. "그가 찔림은 우리의 허물 때문이요, 그가 상함은 우리의 죄악 때문이라. 그가 징계를 받음으로 우리는 평화를 누리고, 그가 채찍에 맞음으로 우리는 나음을 받았도다."

구원에다 값을 매기려는 종교들이 있어요. 공덕을 쌓으라고 하기도 하고, 수행을 쌓으라는 경우도 있습니다. 형태도 다양해서 공양미 삼백 석부터 적선이니, 수양이니, 어디서는 신전을 하나 지어주면 된다고 하고, 다양해요. 성도 여러분, 그런데 기웃거리지 마세요. 내가 값을 치르고 받을 수 있는 구원이라면, 그 구원이야말로 싸구려입니다. 내가 공덕을 쌓아서 들어갈 수 있는 천국이 있다면, 그 천국이야말로 싸구려입니다. 진정한 구원은 은혜의 구원입니다. 너무 귀해서 공짜가 된 은혜의 구원. 예수 십자가 구원이 그러합니다. 저와 여러분에게 임한 구원은 바로 그 구원, 은혜의 구원이기를 주의 이름으로 축원합니다.

2. 너무 가난해서 공짜

한 걸음 나아가 두 번째 우리의 구원이 공짜인 이유가 무엇인가? 둘째는 우리가 너무 가난하기 때문입니다. 첫 번째 이유와 짝을 이룹니다. 구원이 은혜인 이유가 너무 비싸서 그렇다고 했는데, 반면에 우리의 주머니는 어때요? 너무 가난해요. 가진 게 없어요. 그래서 주께서 매기신 가격이 공짜입니다. 은혜로 받는 구원입니다.

구원 받은 사람에게서 나오는 고백이 있어요. 나는 아무 것도 아닙니다. 나는 아무 것도 가진 게 없습니다. 주의 은혜 앞에 서면 그런 느낌이 들게 되어 있어요. 그런데 안 그런 경우가 있어요. 엄마, 얼마면 돼? 사람이 무식하면 교만해집니다. 자기가 대단한 사람인 줄 알아요. 특히 영적인 면에서 그래요. 죄인일수록 교만해요. 자기가 대단한 줄 생각해요. 너무 당당해요. 안타까운 것은, 그런 마음에는 구원이 들어가지 않아요. 그런 마음에는 주의 은혜가 들어갈 수가 없어요. 구원이 담기는 그릇이 있다면 그 무엇보다 감사요, 겸손입니다. 구원이 들어오면, 교만할 수가 없어요. 진실로 주의 은혜가 임하면, 차마 교만할 수가 없어요.

성경이 말씀하길 "심령이 가난한 자는 복이 있나니 천국이 저희 것임이요." 심령이 가난한 자는 마음이 가난하다는 의미인데, 의미를 새겨서 읽으면 자신이 가난한 줄 안다는 겁니다. 아, 내 안에 아무 것도 없구나. 내가 아무 것도 아니구나. 천국은 이런 사람의 나라이고, 구원이 임한 사람의 가슴에는 이런 생각이 피어납니다. 아무 것도 내놓을 게 없는 사람은 복이 있나니, 그 비싼 천국이 그 사람의 것임이요. 아멘.

아브라함이 그랬습니다. 다윗이 그랬습니다. 오늘 본문에 두 사람이 등장하는데, 정말 귀한 분들입니다. 아브라함과 다윗은 이스라엘 역사에 가장 훌륭한 두 사람이라고 해도 과언이 아닙니다. 아브라함은 이스라엘 나라의 시조입니다. 이스라엘 나라의 기초를 놓은 사람입니다. 다윗은 이스라엘을 제국의 반열에 올려놓은 영웅입니다. 국가의 기틀을 세우고, 하나님의 백성이 얼마나 강할 수 있는지를 온몸으로 보여준 영웅 중의 영웅입니다. 그런데 이 두 사람이 구원에 대해 무엇이라고 고백하느냐? 2절에 "만일 아브라함이 행위로써 의롭다 하심을 받았으면" 뭐할 것이 있으려니와? "자랑할 것이 있으려니와 하나님 앞에서는 없느니라." 아무 것도 없다는 거예요. 내놓을 게 없어요. 구원을 위해서 내놓을 게 아무 것도 없다는 고백입니다. 누가? 아브라함이. 그 위대한 아브라함이 그렇다는 겁니다.

다윗도 마찬가지, 6절에 "일한 것이 없이 하나님께 의로 여기심을 받는 사람의 복에 대하여 다윗이 말한 바" 일한 것이 없다는 거예요. 자신의 구원을 위해서 아무 것도 내놓을 게 없다는 거예요. 누가? 그 위대한 다윗이 그렇다는 겁니다. 7-8절에 "불법이 사함을 받고, 죄가 가리어짐을 받는 사람들은 복이 있고, 주께서 그 죄를 인정하지 아니하실 사람은 복이 있도다 함과 같으니라." 의미를 살려서 제대로 읽어드리면 다음과 같습니다. 불법이 공짜로 사함을 받고, 다윗 같이 공짜로 죄가 가리어짐을 받는 사람들은 복이 있고, 주께서 아브라함처럼 공짜로 그 죄를 인정하지 아니하실 사람은 복이 있도다. 이게 아브라함의 고백이고, 다윗의 고백입니다.

이런 고백이 어디서 나왔을까요? 그 사람들이 정말로 한 일이 없어서? 아닙니다. 누구보다 한 일이 많아요. 그런데 왜 이런 고백이 나오느냐? 이 사람들에게 정말로 구원이 임하였기 때문입니다. 이 사람들에게 정말로 주의 은혜가 임하였기 때문에. 은혜가 임하면 눈이 밝아집니다. 주의 은혜가 임하면, 이전에 보지 못하던 나 자신을 보게 되고, 이전에 보지 못하던 주의 은혜를 보게 됩니다. 주께서 주신 은혜가 얼마나 거대한지를 보게 되고, 그 앞에서 내가 얼마나 헐벗은 존재인지를 보게 됩니다. 그래서 마음으로 고백하기를, "우리처럼 공짜로 구원 받은 사람은 복이 있도다." 사랑하는 성도 여러분, 이것이 여러분이 받은 구원이 맞습니까? 여러분이 받은 구원은 공짜로 받은 구원, 아무 것도 안하고 그냥 공짜로 받은 공짜 구원이 맞습니까? 부디 맞기를 바랍니다. 그 구원만이 참된 하나님의 구원입니다. 나는 아무 것도 내놓을 것이 없노라.

3. 아무 것도 내놓을 것 없는 사람을 위한 선물

그런 의미에서, 사랑하는 성도 여러분, 하나님 앞에 아무 것도 내놓을 게 없는 사람이 되시기를 주님의 이름으로 축원합니다. 아멘. 아무 것도 내세울 게 없는 사람 혹은 아무 것도 자랑할 게 없는 사람은, 표현은 헐벗어도 가장 행복한 사람이라고 할 수 있습니다. 구원 받은 사람의 증표이기 때문입니다. 밥 들어간 배가 불룩하게 나온다면, 구원 들어간 사람에게선 이 고백이 나옵니다. 주님, 나는 아무 것도 아닙니다.

아브라함은 인간적으로 보면, 누구보다 내놓을 게 많은 사람입니다. 이방인으로 가득한 세상에 처음으로 신앙을 품은 사람입니다. 하나님을 섬기기 위해 고향과 친척, 아비 집을 떠난 사람입니다. 지금이야 고향 떠나는 게 별 일 아니지만, 아브라함 당시엔 일종의 사회적 순교였습니다. 나를 둘러싼 안전망을 완전히 포기하는 투신이었습니다. 오직 믿음으로 광야로 나온 사람, 그래서 이스라엘의 시조가 된 사람입니다. 그런데도 고백하기를, 아무 것도 자랑할 게 없노라.

다윗도 마찬가지, 이스라엘 국가의 기틀을 잡기 위해 일생을 던진 사람입니다. 영웅 중의 영웅이요, 이스라엘 사람이 가장 존경하는 사람입니다. 누구보다 내놓을 게 많아요. 그런데 고백하기를, 나는 아무 것도 자랑할 것이 없노라. 어디서 이런 고백이 나올까요? 이 사람들에게 진짜 구원이 임하였기 때문입니다. 이 사람들에게 진짜 하나님의 은혜가 임하였기 때문입니다. 진짜 은혜가 임한 사람, 그래서 진짜 구원에 이른 사람은 그 특징이, 아무 것도 내세울 게 없어요. 주의 은혜를 알기 때문에 감히 자랑할 게 없어요.

우리 중에도 아브라함과 같은 분, 다윗과 같은 분이 있을 수 있습니다. 우리 공동체를 위해서 많이 기여한 분들이 계십니다. 정말로 감사합니다. 그 수고 때문에 저 같은 사람이 이런 영광스러운 자리에서 말씀을 선포할 수 있습니다. 진심으로 감사를 드립니다. 그런데 주의 말씀에 의지하여 권면합니다. 성도 여러분, 특히 공로가 많은 성도 여러분, 아무 것도 내세울 게 없기를 바랍니다. 하나님 앞에, 교회 앞에 아무 것도 내놓을 게 없기를 바랍니다.

옆에서 뭐라 그러든, 당사자는 아무리 생각해도 나는 아무 것도 한 일이 없는 분이기를 바랍니다. 오직 주의 은혜였습니다. 이 고백만 있기를 바랍니다. 왜냐하면, 그 마음이야말로 그 분에게 주의 은혜가 임한 증표이기 때문입니다. 그것이 우리에게 구원이 임한 증표이기 때문입니다.

공로가 작아서가가 아닙니다. 흘린 땀이 적어서 그런 게 아니에요. 나에게 임한 주의 은혜가 너무 크기 때문입니다. 비교할 수 없이. 비교라는 말 자체가 머쓱할 만큼 주의 은혜가 너무 거대하기 때문입니다. 그 은혜를 받은 사람, 그래서 진정으로 그 은혜 안에 거하는 사람은 마음이 가난할 수밖에 없어요. 나에게 임한 주의 은혜가 너무 큰 거예요. 그래서 내가 한 일은 당최 눈에 들어오질 않아요. 아무 것도 내세울 게 없었던 아브라함처럼, 또 아무 것도 자랑할 게 없었던 다윗처럼, 저와 여러분도 하나님과 사람 앞에, 그리고 교회 앞에 아무 것도 내세울 것 없는 가난한 사람이 되시기를 주님의 이름으로 축원합니다. 아멘.

그런데 또 이러면 아무 것도 안 하겠다는 분이 있을 수 있는데, 참된 구원을 받은 사람의 또 한 가지 특징이 있는데, 헌신입니다. 온 맘 다해 헌신해요. 누구보다 열심히 헌신합니다. 은혜가 사람을 그렇게 만듭니다. 주의 은혜가 임한 사람의 특징이, 입술에는 감사가 있고 손과 발에는 헌신이 있습니다. 제가 하고도 말이 멋있는 거 같아요. 은혜가 임한 사람의 특징이 뭐라고요? 입술에는 감사가 있고, 손과 발에는 헌신이 있습니다. 세상에는 열심히 일한 사람은 자랑이 끼지만, 복음의 일은 그렇지가 않아요. 주의 일꾼은 그렇지가 않아요. 열심히 섬기는데 자랑이 없어요. 그저 입술에는 감사가 넘치고, 나는 아무 것도 아닙니다. 은혜 안에 있기 때문입니다. 은혜가 사람을 그렇게 만들어요. 세상은 이걸 이해하지 못해요. 이해를 할 수가 없죠. 왜냐하면, 주의 은혜를 모르니까. 주의 은혜를 모르니까.

결론 · 참된 구원이 임하기를

말씀을 맺습니다. 오늘의 말씀은, 구원이 공짜인 이유입니다. 이유가 뭐라고요? 너무 비싸서. 싸구려여서 공짜가 아닙니다. 구원이 너무 비싸요. 값을 치르려면 아무도 치를 수가 없어요. 그래서 주께서 정한 가격이 공짜요, 은혜입니다. 증상이 있다고 했죠. 입술에는 감사가 있고, 손과 발에는 헌신이 있어요. 무언가 내세울 게 있는 구원이라면 그거 짝퉁이에요. 아무 것도 내세울 게 없는 구원. 그렇지만 감사로 헌신하게 만드는 구원. 이 구원이 우리 하나님의 참된 구원입니다. 이 모든 말씀을 담아 주께서 주시는 참된 구원, 참된 은혜가 저와 여러분의 삶에 충만하게 임하기를 주님의 이름으로 축원합니다. 아멘.

복음 XIII
바랄 수 없는 중에도 바라는 믿음
(롬 4:17-25)

서론 · 믿음이란 무엇인가?

오늘의 말씀은 믿음입니다. 두어 달 로마서를 묵상해 왔는데, 오늘로써 첫 번째 덩어리를 마무리하려고 합니다. 로마서는 크게 네 부분으로 나누어집니다. 처음 1-4장은 복음의 기본을 소개합니다. 복음은 이런 것이다. 두 번째 5-8장은 복음을 받는 그릇을 묵상합니다. 복음을 제대로 받으려면 이러한 그릇을 준비해야 합니다. 세 번째 9-11장은 복음에서 만나는 하나님을 선포합니다. 우리 하나님은 이런 분이십니다. 마지막 12-16장은 복음의 삶을 선포합니다. 복음의 사람은 이렇게 살아야 합니다.

차차 시간을 두고 묵상하도록 하겠습니다. 오늘은 첫 번째 덩어리 1-4장을 마무리하는데, 오늘 주께서 우리에게 주시는 말씀은, 믿음입니다. 믿음의 사람이 되라. 이신칭의라고 하죠. 믿음으로 의롭다 함을 받는다, 혹은 믿음으로 구원에 이른다. 이게 복음이죠. 1-4장의 결론입니다. 믿음으로 구원을 받으라.

그런데 믿음이란 무엇일까요? 우리를 구원으로 인도하는 그 믿음이란 도대체 무엇일까요? 이 시간 믿음을 묵상하실 때 참된 믿음을 품은 진정한 믿음의 사람이 되시기를 주님의 이름으로 축원합니다. 아멘.

1. 하나님의 전능하심을 믿는 것

우선 첫째, 믿음이란 하나님의 전능하심을 믿는 것입니다. 믿음의 내용에 관한 것인데, 우리의 믿음은 하나님의 전능하심을 믿는 겁니다. 하나님은 살아계신다, 이 정도가 아닙니다. 하나님은 참 귀한 분이야, 혹은 마음이 따뜻하고 지혜로운 분이야, 이 정도 믿음이 아닙니다. 성경이 요구하는 믿음은 그보다 커요. 하나님의 전능을 믿는 겁니다. 사랑하는 성도 여러분, 하나님의 전능하심을 믿으십니까? 아멘. 그 믿음이 저와 여러분을 구원으로 인도할 것입니다.

전능은 다소 추상적인 단어인데, 성경은 구체적인 언어로 풀이합니다. 17절에 "기록된 바 내가 너를 많은 민족의 조상으로 세웠다 하심과 같으니 그가 믿은 바 하나님은 죽은 자를 살리시며 없는 것을 있는 것으로 부르시는 이시니라." 성경은 우리의 믿음을 두 항목으로 구분합니다. 하나는 죽은 자를 살리시는 능력이고, 다른 하나는 없는 것을 있는 것으로 부르시는 능력입니다. 요약하면, 부활의 능력, 그리고 창조의 능력입니다. 이 둘을 합쳐서 성경은 하나님의 전능이라고 부릅니다.

한번 더 확인하고 싶습니다. 사랑하는 성도 여러분, 하나님의 부활 능력을 믿으십니까? 아멘. 심장이 멈추고 심지어 몸이 썩어가는 시체라 하더라도, 주께서 말씀하시면 다시 살아날 수 있다고 믿으십니까? 아멘. 또 한 가지, 여러분은 하나님의 창조의 능력을 믿으십니까? 다른 말로, 우리 하나님은 무에서 유를 창조하시는 전능자이심을 믿으십니까? 아멘. 그게 믿음이고, 그 믿음이 우리를 구원으로 인도할 것입니다. 그런 믿음의 소유자가 되기를 바랍니다.

잠시 곁길로 나가서, 하나님은 우리에게 왜 이런 믿음을 요구할까? 엄청난 믿음이잖아요. 바깥사람들이 보면 황당할 수도 있어요. 부활의 믿음, 그리고 무에서 유를 창조하는 믿음. 너무 큰 믿음입니다. 누가 보면 웃을 수도 있어요. 죽은 사람이 살아나다니, 그게 도대체 말이 돼? 그런데 성경은 우리에게 그 믿음을 요구합니다. 이유가 뭘까요? 이유인즉, 우리의 구원이 그만큼 크고 그만큼 어렵기 때문입니다. 구원이 선물이라면, 그 정도 그릇은 있어야 받을 수 있는 엄청난 선물이기 때문입니다.

죄인의 구원이라는 것이 그리 간단한 일이 아닙니다. 징역 3년 받을 사람 2년으로 깎는 그 정도 일이 아닙니다. 비교할 수 없이 어려운 일이고, 심지어 불가능에 가까운 선물입니다. 우리의 형편이 그만큼 나락으로 떨어져 있기 때문입니다. 우리가 잘 느끼지 못해서 그렇지, 죄로 인해 우리는 죽은 자와 같습니다. 우리가 잘 느끼지 못해서 그렇지, 죄가 그만큼 우리를 나락으로 떨어트립니다. 그래서 우리를 구원하기 위해서는 엄청난 능력이 필요합니다. 죽은 자를 살리는 부활의 능력이 필요하고, 심지어 무에서 유를 만들어내는 창조의 전능이 필요합니다.

감사하게도 하나님은 그런 능력을 갖고 계십니다. 오직 그분께 그런 능력이 있습니다. 그래서 성경은 우리에게 큰 믿음을 요구합니다. 하나님은 전능하시다! 이 믿음을 우리에게 요구하십니다. 성도 여러분, 하나님의 전능을 믿는 사람이 되시기 바랍니다. 바로 그 마음에 부활만큼 거대하고, 창조만큼 거대한 주의 구원이 임할 것입니다.

2. 내 일로 닥쳐도 믿는 것

이제 두 번째, 하나님을 믿는다는 게 뭐냐? 그 일이 내 일로 닥쳐도 믿는 것입니다. 하나님의 전능하심을 믿는 게 믿음이라고 했는데, 두 번째는 그 일이 누구 일? 나의 일로 닥쳤을 때, 남의 일이 아니고 내 일로 닥쳤을 때, 그때도 믿음을 잃지 않는 것, 이게 믿음입니다.

아브라함이 그랬습니다. 18절에 "아브라함이 바랄 수 없는 중에 바라고 믿었으니." 아브라함이 어떤 중에? 바랄 수 없는 중에. 상황이 절망적이었다는 거예요. 19절에 "그가 백 세나 되어 자기 몸이 죽은 것 같고 사라의 태가 죽은 것 같음을 알고도." 고대 사회에서는 자손의 복이 중요했거든요. 지금과는 무게감이 비교할 수 없이 컸어요. 그런데 아브라함에게 자식이 없는 거예요. 나이가 백 세가 되기까지, 머리 허연 백발이 되어서도 자식이 없어요.

그런데 여기서 정말 무거운 것은, 이것이 남의 일이 아니고 누구 일? 내 일입니다. 다른 사람 이야기가 아니고, 한번뿐인 내 인생에 이 일이 닥친 거예요. "자기 몸이 죽은 것 같고 사라의 태가 죽은 것 같음을 알고도." 표현이 굉장히 셉니다. 그만큼 절실했고, 그만큼 절망스러웠다는 말입니다. 더군다나 이게 누구 일? 내 일이에요. 그런데도 아브라함의 "믿음이 약하여지지 아니하고." 20절에는 "믿음이 없어 하나님의 약속을 의심하지 않고 믿음으로 견고하여져서 하나님께 영광을 돌리며."

세상에는 두 종류의 병이 있습니다. 몸의 병과 마음의 병? 아니에요. 중한 병과 가벼운 병? 물론 그렇게 나눌 수도 있지만, 제일 큰 구분은 내 병과 남의 병입니다. 내 병과 남의 병, 이 구분이 제일 큽니다. 병명이 중요한 게 아니고, 병기가 몇 기냐 이거보다 누구 몸에 생겼느냐, 누구의 병이냐, 이게 훨씬 중요합니다. 세상에서 제일 크고 두려운 병은 암도 크고, 중풍도 무섭지만, 내 몸에 생긴 내 병이 제일 크고, 그 병이 제일 무서워요.

죽음도 그래요. 심리학에서 죽음을 두 종류로 나눈다고 합니다. 큰 죽음과 작은 죽음 둘로 나누는데, 큰 죽음은 뭐고, 작은 죽음은 뭐냐? 큰 죽음은 내 죽음이고, 작은 죽음은 남의 죽음입니다. 대형 사고라고 큰 죽음이 아닙니다. 나에게 닥친 내 죽음이 제일 커요. 그게 우리 인생입니다.

믿음이 뭐냐? 내 일로 닥쳐도 믿음이 흔들리지 않는 것입니다. 성경이 우리에게 요구하는 믿음이 뭐냐? 그 일이 그 험한 일이 내 앞에 닥쳤을 때, 남의 일이 아니고 내 눈앞에 내 일로 닥쳤을 때 그때도 흔들리지 않는 믿음. 그때도 주를 향한 믿음이 흔들리지 않는 것, 그게 믿음이고 그 믿음이 우리를 구원으로 인도할 것입니다.

사랑하는 성도 여러분, 우리의 믿음이 그러하기를 바랍니다. 다른 사람 간증 듣고 아멘 하는 믿음도 좋고, 성경 이야기 보면서 아멘 하는 믿음도 좋아요. 그런데 거기서 머물면 안 됩니다. 남의 일이 아니라, 내 일로 닥쳤을 때 그때도 약해지지 아니하는 내 믿음이어야 합니다. 우리의 믿음이 그런 믿음이기를 바랍니다. 그게 진정한 믿음이고, 그 믿음이 우리를 구원으로 인도할 것입니다.

이것도 생각해봤어요. 주님은 왜 이 믿음을 요구하실까? 남의 일이 아니고, 내 일로 닥쳤을 때도 흔들리지 않는 믿음을 요구하시는 이유가 뭘까? 쉽지가 않거든요. 남의 일은 그나마 쉬운데, 성경 이야기는 그나마 쉬운데, 이게 나한테 닥치면 완전히 다른 이야기가 됩니다. 주님은 왜 이런 믿음을 요구하실까? 묵상 중에 그런 생각이 듭니다. 나에게 구원을 주시기를 위해서입니다. 저 사람도 구원하지만 나에게 구원을 주시기 위해서, 그래서 이 믿음을 요구하시는 게 아닌가.

바라기는 우리의 믿음이 그런 믿음이면 좋겠습니다. 말하면서도 가슴이 묵직한데, 우리의 믿음이 그런 믿음이기를 바랍니다. "주님, 내가 믿습니다. 나의 믿음 없음을 도와주소서." 성경에 나오는 기도 제목 중에 가장 솔직한 기도입니다. 그래서 참 마음에 와 닿는 기도입니다. 마가복음 9장 24절에 아들이 귀신에 들려 힘겨워하는 아비가 나와요. 예수님의 소문을 듣고 치유를 구하는데, 주님 말씀이 믿음이 있어야 한다는 거예요. 믿음이 있어야 치유가 될 것이다. 그때 아버지가 절박한 목소리로 말하기를, "주님, 내가 믿나이다. 나의 믿음 없는 것을 도와주소서."

어떻게 보면 모순적인 기도인데, 이게 참 마음에 와 닿아요. "주님, 믿습니다. 믿고 싶습니다. 그런데 믿음이 잘 안 생깁니다. 도와주소서." 믿음마저도 주님이 주시는 선물이라는 생각이 듭니다. 사랑하는 성도 여러분, 믿음의 사람이 되시기 바랍니다. 남의 일일 때도 그렇지만, 특히 내 일로 닥쳤을 때, 그때도 흔들림 없는 믿음의 사람이 되시기를 주님의 이름으로 축원합니다. 아멘.

3. 끝까지 흔들리지 않는 것

마지막으로 믿음이 뭐냐? 주께서 우리에게 요구하시는 믿음이 뭐냐? 끝까지입니다. 끝까지! 오늘 말씀이 전체적으로 무겁죠. 제일 무거운 말씀이 이겁니다. 믿는데 언제까지? 끝까지! 마지막 순간까지, 심지어 죽음의 순간까지. 그리고 이 말은 별로 하고 싶지 않은데, 사실상 그리 아니하실지라도. 성경이 요구하는 믿음은 그런 믿음입니다. 응답이 더뎌도 믿음으로. 응답이 오래 되어도 믿음으로. 심지어 이제 완전히 끝이 나는데도 그때도 믿음으로. 성경이 요구하는 믿음은 그 믿음이고, 그 믿음이 우리를 구원으로 인도할 것입니다.

아브라함의 믿음이 바로 그런 믿음이었습니다. 끝까지. 마지막 순간까지. 체감적으로는 그리 아니하실지라도. 아브라함이 생전에 믿음의 성취를 보았느냐? 아브라함에게 주신 하나님의 약속이 그의 생전에 성취가 되었느냐? 이게 애매해요. 알다시피 아브라함이 아들을 얻었습니다. 백 세가 되어 이삭을 낳습니다. 그런데 그렇다고 해서 그의 믿음이 성취를 본 것이냐, 하면 그렇지가 않아요. 아들 하나 얻었으니 성취를 본 것이라고 할 수 있지만, 주께서 주신 약속의 내용을 보면 그렇다고 보기 어려운 면이 있습니다.

하나님이 아브라함에게 주신 약속은 단지 아들 하나가 아니었습니다. 창세기 15장 5절에 "그를 이끌고 밖으로 나가 이르시되 하늘을 우러러 뭇별을 셀 수 있나 보라 또 그에게 이르시되 네 자손이 이와 같으리라." 하나님이 주신 약속입니다. 하늘의 별을 세어보아라. 네 자손이 그와 같으리라. 아들이 아니라 민족의 약속을 주신 거예요. 그것도 거대한 민족의 약속입니다. 이 약속이 이루어졌느냐? 결국에는 이루어졌지만, 아브라함 생전에는 그렇지가 않았어요. 그는 약속의 성취를 보지 못하고 생을 마감하였습니다.

그러면 성취의 씨앗이라도 보았느냐, 그림자라도 보았느냐?

이것도 말하기가 애매해요. 아들을 얻었지만, 주신 약속에 비하면 너무 약합니다. 너무 작아요. 우리야 뒷이야기를 알고 있으니 이 하나가 나중에 하늘의 별처럼 많아졌다, 느긋하게 이해하지만, 당사자로서는 그게 아니잖아요. 이래가지고 거대한 민족은커녕, 대라도 이어지겠나 싶은 그런 상황입니다. 그런데 그때도 아브라함의 믿음이 약해지지 않은 거예요. 심지어 마지막 순간에도, 생을 마감하는 마지막 순간에도 흔들림이 없어요.

20절에 "믿음이 없어 하나님의 약속을 의심하지 않고 믿음으로 견고하여져서 하나님께 영광을 돌리며." 이 고백은 아브라함 생애 언제쯤 이야기일까? 제가 보기엔 마지막 모습입니다. 이 땅의 생을 마감하는 마지막 순간입니다. 겨우 아들 하나 얻고, 주신 약속에 비하면 그림자조차 되지 않을 만큼 미약한 성취를 보고, 아쉬운 마음으로 생을 마감하는 그 순간입니다. 그때에도 "하나님의 약속을 의심하지 않고 믿음으로 견고하여져서 하나님께 영광을 돌리"니라.

믿음이란 이런 겁니다. 끝까지. 마지막 순간까지. 심지어 그리 아니하실지라도 그 믿음으로 살고, 그 믿음으로 견디고, 심지어 그 믿음으로 죽는 것. 성경이 요구하는 믿음은 그런 믿음입니다. 큰 믿음입니다. 그 믿음이 우리를 구원으로 인도할 것입니다. 목사로서 오늘 설교하는 마음이 참 무거워요. 아쉬움도 있어요. 제가 하고 싶은 설교는, “믿음은 당대에서 반드시 열매를 봅니다. 믿는 자는 반드시 당대에 회복이 될 겁니다. 길면 3년 짧으면 1년이면 응답될 겁니다.” 이렇게 설교하고 싶은데, 성경의 가르침이 그렇지가 않아요. 당대의 성취를 선포하기도 하지만, 때로 당대에는 성취를 못볼 수도 있어요. 그래서 마음이 무겁지만, 이렇게 설교합니다. 진정한 믿음은 끝까지입니다. 심지어 그리 아니하실지라도.

이것도 생각해 봤어요. 왜 이런 믿음을 요구하실까? 당대에 성취되면 딱 좋은데, 10년 20년 길어도 당대에 반드시 열매를 보는 믿음이면 참 좋은데, 왜 끝까지, 심지어 생을 마감할 때까지, 이런 믿음을 요구하실까? 떠오르는 생각은, 우리에게 주실 선물은 영원한 선물이기 때문입니다. 길면 3년 짧으면 1년짜리 선물이 아니라 영원한 선물을 우리에게 주시기를 원하십니다. 우리에게 몇 십 년짜리 회복이 아니라, 영원한 회복을 주시기 위해서. 성경에 우리 인생이 칠십이요, 강건하면 팔십이라고 했는데, 그래서 지나고 보면 덧없는 인생인데, 그런 덧없는 선물이 아니라, 영원으로 이어진 선물, 영원으로 이어지는 거대한 회복을 주시기 위해서. 삶을 넘어 죽음까지 이기는 영원한 선물을 우리에게 주시기 위해서, 그래서 우리에게 그런 큰 믿음을 요구하시는 게 아닌가.

결론 · 믿음의 사람이 되라

말씀을 맺습니다. 오늘의 말씀은, 믿음입니다. 로마서 첫 덩어리를 마무리하면서 믿음을 묵상했습니다. 믿음이란 무엇인가? 믿음이란 하나님의 전능하심을 믿는 겁니다. 특히 그 일이 남의 일이 아니고 내 앞에 닥쳤을 때, 그때에도 흔들림 없이 하나님의 전능하심을 믿는 것. 심지어 그리 아니하실지라도. 마지막이 닥쳐도 흔들림 없이 생을 마무리할 수도 있는 믿음. 주께서 우리에게 요구하시는 믿음입니다. 거칠고 험한 일이 있어도, 그 일이 내 일로 닥쳐도, 믿음으로 승리하는 진정한 믿음의 사람이 되시기를 주님의 이름으로 축원합니다.

쉬운 로마서 I

초판 1쇄 인쇄 2020년 12월 12일
초판 1쇄 발행 2020년 12월 25일

발 행 인 이기룡
지 은 이 채경락
발 행 처 도서출판 담북
등록번호 제2018-000072호(2018년 3월 28일)
주 소 서울시 서초구 고무래로 10-5(반포동)
전 화 02-533-2182
팩 스 02-533-2185
홈페이지 www.qtland.com